Am liebsten beides

Lukas Niederberger

Am liebsten beides

Wie gelange ich zu passenden Entscheidungen?

2., aktualisierte Auflage

Lukas Niederberger
Rigi Klösterli, Schweiz

ISBN 978-3-662-70761-6   ISBN 978-3-662-70762-3 (eBook)
https://doi.org/10.1007/978-3-662-70762-3

Die Deutsche Nationalbibliothek verzeichnet diese Publikation in der Deutschen Nationalbibliografie; detaillierte bibliografische Daten sind im Internet über https://portal.dnb.de abrufbar.

1. Auflage: © Patmos Verlag 2013

© Der/die Herausgeber bzw. der/die Autor(en), exklusiv lizenziert an Springer-Verlag GmbH, DE, ein Teil von Springer Nature 2025

Das Werk einschließlich aller seiner Teile ist urheberrechtlich geschützt. Jede Verwertung, die nicht ausdrücklich vom Urheberrechtsgesetz zugelassen ist, bedarf der vorherigen Zustimmung des Verlags. Das gilt insbesondere für Vervielfältigungen, Bearbeitungen, Übersetzungen, Mikroverfilmungen und die Einspeicherung und Verarbeitung in elektronischen Systemen.
Die Wiedergabe von allgemein beschreibenden Bezeichnungen, Marken, Unternehmensnamen etc. in diesem Werk bedeutet nicht, dass diese frei durch jede Person benutzt werden dürfen. Die Berechtigung zur Benutzung unterliegt, auch ohne gesonderten Hinweis hierzu, den Regeln des Markenrechts. Die Rechte des/der jeweiligen Zeicheninhaber*in sind zu beachten.
Der Verlag, die Autor*innen und die Herausgeber*innen gehen davon aus, dass die Angaben und Informationen in diesem Werk zum Zeitpunkt der Veröffentlichung vollständig und korrekt sind. Weder der Verlag noch die Autor*innen oder die Herausgeber*innen übernehmen, ausdrücklich oder implizit, Gewähr für den Inhalt des Werkes, etwaige Fehler oder Äußerungen. Der Verlag bleibt im Hinblick auf geografische Zuordnungen und Gebietsbezeichnungen in veröffentlichten Karten und Institutionsadressen neutral.

Einbandabbildung: © andresr / www.istockphoto.com

Springer ist ein Imprint der eingetragenen Gesellschaft Springer-Verlag GmbH, DE und ist ein Teil von Springer Nature.
Die Anschrift der Gesellschaft ist: Heidelberger Platz 3, 14197 Berlin, Germany

Wenn Sie dieses Produkt entsorgen, geben Sie das Papier bitte zum Recycling.

Vorwort

Wie kann ich in schwierigen Situationen gute und tragfähige Entscheidungen treffen? Wie kann ich so entscheiden, dass ich hinterher mit den Konsequenzen meiner Entscheidung leben kann? Wie finde ich zu einer für mich «richtigen» Entscheidung? Entscheiden bedeutet, Handlungsspielräume zu haben, Entscheiden bedeutet Freiheit, Entscheiden bedeutet letztlich Glück. Vielleicht empfindet der eine oder die andere von Ihnen angesichts einer schwierigen eigenen Entscheidungssituation diese These als provokativ. Wenn ich vor der Entscheidung stehe, mich von meinem Partner oder meiner Partnerin zu trennen, wenn ich zwischen Behandlungsoptionen für eine schwere Erkrankung zu wählen habe, wenn ich manchmal buchstäblich «zwischen Pest und Cholera» entscheiden muss – was daran sollte «Glück» oder «Freiheit» sein?

Alle Entscheidungen beginnen mit der Klärung unserer Ziele. Was ist mir wichtig? Was will ich – bestenfalls – erreichen? Je nach Lebenssituation und persönlichen

Umständen können meine Ziele durchaus unterschiedlich sein, und es können andere sein als die meiner Partnerin, meiner Kinder, meiner Freunde. Hier habe ich die Chance und die Aufgabe, herauszufinden, was für mich wirklich wichtig ist. Davon wiederum hängen später die Bewertung der Entscheidungsalternativen und letztlich meine Wahl ab.

Sich selbst über die eigenen Ziele und Bedürfnisse zu befragen, heißt nicht, dass Sie dazu nicht auch einen Experten, eine Ratgeberin oder Ihre Liebsten anhören und in die Entscheidung einbeziehen können. Kluge Bücher – wie das vorliegende – können Sie mit wichtigen Informationen versorgen, Freundin oder Freund können Ihnen Unterstützung geben und Ihnen ein «sounding board» sein, das Ihnen hilft, sich über Ihre Gedanken und Gefühle klarer zu werden.

Sie müssen schwierige Entscheidungen nicht allein treffen, aber wenn Sie Entscheidungen als Ihren Handlungsspielraum und Ihre Freiheit wahrnehmen wollen, können Sie sie nicht komplett aus der Hand geben und anderen überlassen. Denn auch das kennen wir: dass wir ärgerlich reagieren, wenn andere uns eine Entscheidung aus der Hand nehmen wollen, rebellisch, wenn andere glauben, besser zu wissen als wir selbst, was für uns gut ist.

Wir haben – in den meisten Fällen – das Glück der Wahl. Dieses Glück besteht genau in der Möglichkeit des Entscheidens, allerdings nicht darin, mit Sicherheit ein gewünschtes Ergebnis zu erhalten! Ihnen in diesem Prozess Unterstützung und Inspiration zu bieten, Denkanstöße zu liefern, Reflexionsprozesse in Gang zu bringen – das ist ein Ziel, das Lukas Niederhauser mit seinem Buch verfolgt. Wirkliche eigene Entscheidungen zu treffen, fordert uns heraus, ist manchmal eine Zumutung, aber führt schlussendlich dazu, dass wir Verantwortung übernehmen für uns, unser Leben, die Gesellschaft. Und ist das nicht Glück?

Prof. Dr. Katrin Fischer lehrt am *Institut Mensch in komplexen Systemen* an der Hochschule für Angewandte Psychologie der Fachhochschule Nordwestschweiz. Zuvor wirkte sie an der TU Berlin. Zusammen mit Helmut Jungermann und Hans-Rüdiger Pfister publizierte sie *Die Psychologie der Entscheidung* im Verlag Springer.

Prof. Dr. Katrin Fischer

Inhaltsverzeichnis

1	**Einführung**	1
2	**Reflexionen über das Entscheiden**	5
3	**Unser Umgang mit Freiheit**	9
3.1	Der Mensch denkt, Gott lenkt	11
3.2	Gewissen versus Angst vor Klagen	13
3.3	Autonome Synapsen im homo irrationalis	15
3.4	Bis zuletzt alle Türen offenlassen	22
3.5	Marionetten von Algorithmen?	24
3.6	Freiheitsrechte versus kollektive Sicherheit	32
3.7	Freiheit und Selbstverantwortung	34

4 Unser Umgang mit Komplexität 37
4.1 Optionen reduzieren 39
4.2 Entscheidungskriterien reduzieren 41
4.3 Informationen zu den Optionen reduzieren 43

5 Unser Umgang mit Konsequenzen 47

6 Unser Umgang mit Nicht-Gewähltem 51

7 Individuelle Entscheidungsprozesse 57
7.1 Frühere Entscheide reflektieren 58
7.2 Leiden frühzeitig erkennen 63
7.3 Ressourcen prüfen 65
7.4 Alles hat seine Zeit 68
7.5 Das Ziel ist das Ziel 70
7.6 Wert hat, was Wert bekommt 73
7.7 Ein Orchester mit vielen Stimmen 76
7.8 Guter Rat muss nicht teuer sein 80
7.9 Entscheidungs-Methoden 81
7.10 Entscheide leben und prüfen 95

8 Kollektive Entscheidungsprozesse 97
8.1 Paar-Entscheidungen 101
8.2 Entscheidungen im Kollektiv 104

9 Schritt für Schritt entscheiden 107

10 Dank sowie Rück- und Ausblick 115

Weiterführende Literatur 117

Über den Autor

Lukas Niederberger studierte Philosophie und Theologie. Als ehemaliger Jesuitenpater leitete er das Bildungszentrum Lassalle-Haus. Als Geschäftsleiter der Schweizerischen Gemeinnützigen Gesellschaft (SGG) förderte und erforschte er von 2013–2022 zivilgesellschaftliches Engagement und den gesellschaftlichen Zusammenhalt in der Schweiz. Seit 2025 fördert er als Geschäftsführer der Stiftung Pro Patria die lebendigen Traditionen in der Schweiz. Seit 30 Jahren wirkt er als Autor, Referent, Kursleiter und Ritualbegleiter.

1

Einführung

Dass Sie, liebe Leserin, lieber Leser, jetzt diese Zeile lesen, ist die Folge mehrerer Entscheide. Vielleicht hat Sie beim Besuch der Bibliothek, der Buchhandlung oder des Online-Büchershops der Titel oder das Cover des Buches angesprochen. Oder vielleicht hat Ihnen jemand das Buch geschenkt.

Wir entscheiden uns rund 100.000-mal täglich. Unser Leben ist ein einziger Entscheidungs-Marathon. Auch unsere Gesellschaft, die Politik und die Wirtschaft basieren auf Menschen, die vernünftige Entscheide treffen. Selbst unser Seelenheil soll gemäß religiösen Traditionen von unseren Entscheiden abhängen. Unsere zahllosen Alltagsentscheide haben kaum Konsequenzen. Mit einigen wenigen Entscheiden legen wir jedoch Wegmarken fürs ganze Leben. Entscheide von politischen Führungspersonen hatten und haben sogar globale und historische Auswirkungen.

Gesellschaftliche Veränderungen und wissenschaftlicher Fortschritt wandeln unser Denken und Handeln. In der Folge wandeln sich auch die Fragestellungen in Büchern zum Thema Entscheidung. Heute behandelt jedes zweite Buch über Entscheidungsprozesse das Thema Algorithmen. Vor zehn Jahren ging die Hälfte der Entscheidungsbücher der Frage nach, wie stark reflexartige Hirnimpulse unser Konsumverhalten steuern. Vor fünfzig Jahren wurden vor allem Entscheidungsmethoden für Manager mit zahllosen Matrix-Tabellen publiziert. Und vor hundert Jahren behandelten Entscheidungsbücher die Frage, wie wir gleichzeitig frei entscheiden und religiöse Gebote befolgen können.

Die Kap. 2-6 beleuchten im Zusammenhang mit Entscheidungen unseren Umgang mit Freiheit, mit Komplexität, mit Konsequenzen und mit dem Nicht-Gewählten. Der zweite Teil (Kap. 7) beleuchtet verschiedene Aspekte individueller Entscheidungsprozesse. Das Kap. 8 thematisiert Faktoren, die bei kollektiven Entscheidungsprozessen in Partnerschaften, Gruppen, Organisationen, Unternehmen und Staaten hinzukommen. Und im Kap. 9 wird das konkrete Vorgehen in Entscheidungsprozessen Punkt für Punkt aufgezeigt. Am Ende jedes Kapitels laden Fragen zur persönlichen Reflexion ein. Ihre Antworten können Sie direkt im Buch notieren. Oder falls Sie das Buch später Ihren Angehörigen oder Freunden ausleihen wollen, können Sie Ihre Notizen auf einem separaten Blatt festhalten.

Der Buchtitel *Am liebsten beides* entstand während eines Mittagessens mit einer Mitarbeiterin und ihren zwei Söhnen im Alter von 7 und 9 Jahren. Als ich die Jungs fragte, ob sie zur Nachspeise Schokoladen-Crème oder Eis wünschen, antworteten sie wie aus einer Pistole geschossen: *„Am liebsten beides"*. Das klang so wunderbar authentisch.

1 Einführung

> Welche ursächlichen, beeinflussenden und auslösenden Faktoren trugen dazu bei, dieses Buch zu lesen?

2

Reflexionen über das Entscheiden

Will ich Pflegefachfrau oder Lehrerin werden? Klavier oder Trompete lernen? Wünsche ich mir ein, zwei oder drei Kinder? Wähle ich einen Teilzeit- oder Vollzeit-Job? Miete ich eine kleine Wohnung in der Stadt oder eine größere auf dem Land? Wie oft will ich mein Kind in die Kita bringen und wie oft zu Oma und Opa? Verbringe ich Wander- oder Fahrrad-Urlaub? Entscheide ich mich aufgrund meiner Rückenschmerzen für die Schulmedizin oder die Komplementärtherapie? Wähle ich Rot, Blau oder Grün? Soll ich mir einen Hund oder eine Katze anschaffen? Reise ich mit dem Flugzeug, dem Auto oder der Bahn in den Urlaub? Will ich mehr verdienen oder mehr Freizeit genießen? Wünsche ich mir einen Single-Haushalt oder eine Großfamilie? Bringe ich zur Einladung Wein, Blumen oder ein Buch mit? Packe ich für den Urlaub eher Kleider für warme oder kalte Temperaturen ein? Nehme ich für den Spaziergang den Regenschirm mit? Gehe ich abends ins Kino oder lese ich ein Buch? Wähle ich Pizza

© Der/die Autor(en), exklusiv lizenziert an Springer-Verlag GmbH, DE, ein Teil von Springer Nature 2025
L. Niederberger, *Am liebsten beides*,
https://doi.org/10.1007/978-3-662-70762-3_2

oder Spaghetti zum Essen? Fahre ich zum Einkaufen mit dem Rad, nehme ich den Bus oder gehe ich zu Fuß? Kaufe ich die eine Zahnbürste oder das verbilligte Dreier-Pack? Kaufe ich das schönere und teurere Kleid oder das billigere? Kaufe ich die biologischen Äpfel aus der Region oder die billigen aus dem Ausland? Kaufe ich für die Zugfahrt eine Zeitschrift oder genieße ich die Stille und die Umgebung? Soll ich nochmals eine Ausbildung beginnen oder für eine Weltreise sparen? Schreibe ich Geburtstagswünsche mit der Füllfeder auf eine schöne Karte oder sende ich ein paar Emojis per Whatsapp? Wähle ich mit 65 eine monatliche Rente oder das Kapital? Will ich bei einer unheilbaren Krankheit aktive Sterbehilfe beanspruchen, mich palliativ betreuen lassen oder ein fastend sterben? Will ich im Sarg oder in der Urne bestattet werden?

Weil wir von morgens bis abends und von der Wiege bis zur Bahre zwischen zahllosen Optionen wählen dürfen oder müssen, ist es sinnvoll und nötig, die zahlreichen Faktoren und Mechanismen von Entscheidungsprozessen zu kennen. Was bedeutet Entscheidung genau? Meistens wird der Begriff Entscheidung definiert als Wahl einer Handlung aus mindestens zwei vorhandenen potenziellen Handlungsalternativen unter Beachtung der übergeordneten Ziele. Diese Definition ist leicht verständlich, nimmt jedoch einige Komponenten nicht in den Blick, die beim Treffen einer Wahl essenziell sind. Darum lautet mein etwas kompliziert klingender Definitionsversuch:

> Entscheidungen sind individuelle oder kollektive Prozesse des rationalen und emotionalen Abwägens gegebener und erwünschter Optionen auf eine optimale Zukunft hin – unter Berücksichtigung von Zielen und Werten, innerer und äußerer Freiheit, vorhandener Ressourcen und in Abwägung möglicher Konsequenzen.

2 Reflexionen über das Entscheiden

Entscheiden ist ein konkretes Betätigen unserer Freiheit. Normalerweise bestimmen wir unser Leben gerne selbst und wollen autonom sein. Gerade durch die behördlichen Einschränkungen in der Corona-Pandemie wurde vielen Menschen der Wert individueller Freiheit wieder stärker bewusst. In manchen Fällen überlassen wir die Wahl inklusive der Verantwortung für allfällige Irrtümer allerdings gerne anderen. Oft wäre es einfacher und bequemer, nicht entscheiden zu müssen und auf dem Beifahrersitz des Lebens Platz zu nehmen. Manche Menschen schaffen es mit meisterhafter Präzision und eindrücklichen Erklärungen, ihre Bewerbungen und Anmeldungen für Ausbildungen, Prüfungen oder Arbeitsstellen genau einen Tag zu spät abzuschicken und dann als vermeintliche Opfer die Institutionen dafür verantwortlich zu machen, dass sie nicht angenommen wurden oder nicht vorsprechen durften. Der dänische Philosoph Sören Kierkegaard (1813–1855) schrieb: *„Es ist nicht zu glauben, wie schlau und erfinderisch die Menschen sind, um Entscheidungen aus dem Weg zu gehen."*

Manche Menschen tun sich mit Entscheiden schwer, weil deren Folgen in der komplexer werdenden Welt immer unabsehbarer werden. Manche Politiker*innen, Beamt*innen oder Chirurg*innen meiden mutige Entscheide, weil sie sich zunehmend vor rechtlichen Klagen fürchten. Manche Menschen entscheiden sich auch bewusst fürs Nicht-Wählen und Hin-und-Her-Schwanken zwischen verschiedenen Optionen, zwischen Ja und Nein, zwischen Loslassen und Festhalten, Ausharren und Aufbrechen, um möglichst viele Türen möglichst lange offen zu lassen. Aber auch das Nicht-Entscheiden ist ein Entscheiden. Der existenzialistische Philosoph Jean-Paul Sartre (1905–1980) schrieb in seinem Hauptwerk *Das Sein und das Nichts,* dass alles Wahl sei und dass auch das Nicht-Wählen eine Wahl sei.

Das Betätigen unserer Freiheit durch das Wählen und Entscheiden ist aber nicht nur eine Qual und ein Verdammt-Sein, sondern vor allem ein Geschenk und ein Privileg. Als ich einer Freundin schrieb, dass ich ein Buch zum Thema Entscheidung schreibe, antwortete sie: *„Entscheiden-Können ist das Tollste, was es gibt. Es ist das Auskosten des höchsten Gutes, das wir haben: der Freiheit. Und getroffene Entscheidungen setzen auch viele kreative Energien und den Blick nach vorne frei."* Meine 20-jährige Verwandte Martina reagierte ähnlich: *„Ich finde das Thema Entscheidungsfindung lebenswichtig. Es fordert mich immer wieder heraus, der Stimme meines Herzens zu folgen."* Einige Personen aus meinem Bekanntenkreis drückten ihre Ambivalenz gegenüber dem Wählen-Dürfen und Wählen-Müssen aus: *„Beim Einkaufen muss ich ständig entscheiden zwischen kostengünstig, gesund, ökologisch, praktisch, ästhetisch, qualitativ, prestigeträchtig, lustbefriedigend, ethisch verantwortbar, sinnvoll und wertvoll."* (♀, 50 Jahre) *„Die Frage, was ich studieren soll, habe ich fast ein Jahr lang mit mir rumgetragen, weil das die erste essenzielle Entscheidung war, die ich in meinem Leben treffen musste, um dem Leben eine Richtung zu geben."* (♀, 40 Jahre) *„Soll ich meiner Freundin meine Wut und Enttäuschung zeigen oder nicht? Soll ich ihr den Brief, in welchem ich meinen Ärger über sie ausdrücke, geben? Oder hat er seine therapeutische Wirkung mit dem Schreiben bereits erzielt und gehört darum ins Feuer oder ins Tagebuch?"* (♂, 35 Jahre).

Weil inzwischen 9 Mrd. Personen unseren kleinen Planeten bewohnen, haben auch unsere vermeintlich unbedeutenden alltäglichen Entscheidungen wie der Kauf eines bestimmten Joghurts eine globale Bedeutung.

- Wann empfinde ich das Entscheiden-Können als Chance?
- Welche bedeutende Entscheidung steht bei mir an?

3

Unser Umgang mit Freiheit

Der Philosoph Arthur Schopenhauer (1788–1860) bezweifelte die Freiheit unseres menschlichen Willens und bezeichnete sie als Illusion. Der Mensch könne zwar tun, was er wolle, könne aber nicht willentlich wünschen, was er zutiefst ersehne. Unser Wille sei vielmehr durch komplexe innere und äußere Einflüsse gesteuert. Die Philosophie, die Psychologie, die Biologie, die Soziologie, die Theologie und weitere Disziplinen beschäftigen sich seit Jahrhunderten mit der Freiheit unseres Geistes und Willens. Gäbe es Messungen, wären wir je nach Methode vermutlich zwischen 10 und 90 % frei.

Unsere individuellen und kollektiven Entscheidungen und das Verhältnis zur Freiheit sind stark vom historischen, kulturellen, sozialen und politischen Kontext geprägt. Jäger und Sammler trafen ihre Entscheide aus natürlicher Notwendigkeit. Sie wollten möglichst lange gegen die Gefahren der Natur überleben und ihre Sippe durch möglichst viele Kinder vor dem Aussterben bewahren. In den asiatischen Religionen bestimmen bis heute kosmische Ordnungen und das Karma die Entscheide und das Schicksal des Menschen. Die Reformatoren Luther und Calvin hielten den Lauf der Geschichte und unser persönliches Schicksal für von Gott vorherbestimmt und relativierten die menschliche Freiheit. Bis vor 50 Jahren – und in manchen ländlichen Gebieten noch heute – richten sich Entscheidungen weitgehend nach der bürgerlichen Moral und den Blicken der Nachbarn. Und in der vom Kapitalismus geprägten Welt versucht man mit Entscheidungen einen möglichst hohen materiellen Gewinn zu erzeugen.

Von Plato bis Descartes versuchte die Philosophie aufzuzeigen, dass der Mensch vernünftig und frei entscheiden kann. Erst im 17. Jahrhundert wagte es der Mathematiker Thomas Hobbes, den freien Willen zu leugnen, indem er den Lauf der Welt für festgelegt hielt. Im 20. Jahrhundert waren es die Psychoanalyse, die Biologie und die Soziologie, die an der Freiheit des Menschen ihre Zweifel anbrachten und innere Triebe, genetische Anlagen, soziale Rahmenbedingungen und gesellschaftliche Zwänge als bestimmend postulierten für unser Denken, Urteilen und Entscheiden. Die Biologie und die Soziologie gehen davon aus, dass unsere Entscheidungen stark durch die Macht der Gewohnheit, durch unreflektierte Mehrheitsgrundsätze und durch Erziehung und Sozialisation bestimmt sind. In der Regel würden wir gruppenkonform und sippenschützend entscheiden. Die Massenpsychologie konnte aufzeigen, dass wichtige Entscheidungen nicht von einzelnen Individuen getroffen, sondern von der Masse herbeigeführt werden. Elias Canetti zeigte in seinem Standardwerk *„Masse und Macht"* auf, dass und wie große Menschenmassen oftmals ein unberechenbares und irrationales Verhalten zeigen, wenn sie beispielsweise bei einem bedeutungslosen Anlass eine Panik auslösen. Menschenmassen sind immer wieder imstande, dramatische und plötzliche soziale Veränderungen außerhalb der offiziellen Rechtsprozesse zu bewirken und ihre Entscheidungsfreiheit einzelnen Personen zu überlassen.

> Was schränkt meine Freiheit am meisten ein?

3.1 Der Mensch denkt, Gott lenkt

Die menschliche Freiheit wurde erstmals durch Theologen infrage gestellt. Thomas von Aquin (1225–1274) postulierte, dass der göttliche Wille in der Natur zu erkennen und entsprechend zu realisieren sei. Seine Naturrechtslehre hat bis heute Einfluss auf Gender-Debatten. In der hebräischen Bibel wird an mehreren Stellen betont, Gott habe dem Menschen seine Schöpfung anvertraut und ihm Freiheit und Verantwortung verliehen, damit er sich für das Gute entscheide. Gleichzeitig sprechen zahlreiche Bibelstellen davon, dass Gott für jeden Menschen einen Plan bestimmt habe und dass der Mensch Gottes Willen zu erfüllen habe, wenn er zum ewigen Heil gelangen wolle. In tiefem Glauben besang König David das göttliche Wissen und Wollen: *„Noch liegt mir das Wort nicht auf der Zunge – du kennst es bereits. Deine Augen sahen, wie ich entstand, in deinem Buch war schon alles verzeichnet; meine Tage waren schon gebildet, als noch keiner von ihnen da war."* (Psalm 139) *„Deine Entscheide sind gut. Ich will deinen gerechten Entscheidungen folgen. Lehre mich deine Entscheide! Durch deine Entscheide belebe mich."* (Psalm 119).

Wie ist es möglich, gleichzeitig ein göttliches Skript in uns anzunehmen und innerhalb dieses Drehbuchs autonom zu entscheiden? Wie können wir als freiheitsliebende und mündige Menschen selbstverantwortlich denken und handeln und gleichzeitig Gottes Stimme und Willen in unserem Innern suchen und religiösen Geboten die Treue halten? Die menschliche Freiheit mit einem göttlichen Plan und religiösen Normen unter einen Hut zu bringen, gleicht einem intellektuellen Salto. Die Mystikerin Teresa von Ávila (1515–1582) löste dieses Paradox auf, indem sie Gott und Mensch als Einheit sah und betonte, dass man Gottes Willen nur erkennen könne, wenn wir selbst wissen, was wir wollen.

Bereits Kinder spüren in sich etwas, das ihnen den Drang verleiht, leidenschaftlich Fußball zu spielen oder mit Herzblut Tiere zu pflegen. Zahlreiche Jugendliche und Erwachsene spüren den Impuls, ein Musikinstrument zu spielen, leidende Menschen zu begleiten oder die genetische Zusammensetzung des Menschen zu entschlüsseln. Manche geben sich ganz dem Sport hin, andere den Künsten, wieder andere der Wissenschaft, der Politik, der Firma, der Familie, einer religiösen Gruppe oder einem sozialen Projekt. In jeder Person liegt etwas verborgen, das wir Berufung, Bestimmung, existenziales Muss oder Lebens-Skript nennen. In jedem Menschen stecken Impulse, die es zu entdecken, anzunehmen und umzusetzen gilt. Manche Menschen erleben irgendwann in ihrem Leben ein Schlüsselerlebnis, einen Moment, einen Augenblick innerer Klarheit, wo sie genau erkennen, was zu tun ist, welchen Weg sie einzuschlagen haben und wo ihr Platz auf diesem Planeten ist. Manche erkennen ihre Bestimmung auf Reisen, andere in einem Zeitungartikel, in nächtlichen Träumen oder in der Meditation. Mein Freund Reza sah einmal ein bestimmtes Bild in den TV-Nachrichten und wusste augenblicklich: *„Das ist es! Für dieses Anliegen muss ich mein Leben und meine ganze Energie einsetzen, sonst laufe ich am Leben vorbei!".*

Manche erkennen ihre innere Bestimmung zeitlebens nicht oder bezweifeln, dass eine solche existiert. Und manche erkennen zwar eine existenzielle Bestimmung, fürchten sich aber davor, diese umzusetzen. Es braucht Mut, wenn aus der leisen Ahnung eine feste Gewissheit wird, wenn die innere Stimme zum Aufbruch bläst und wenn sich gleichzeitig von mehreren Seiten Ängste und Widerstände regen. Berufungen kamen schon zur Zeit der biblischen Propheten ungelegen und waren in der Regel unbequem bis lebensgefährlich.

- Wie stark glaube ich daran, dass es in mir einen inneren Plan oder ein Drehbuch gibt?
- Wie stark erlebe ich meinen privaten oder beruflichen Weg als eine Bestimmung und einen inneren Plan?
- Wie reagiere ich in Entscheidungssituationen, wenn innere Stimmen in die eine Richtung weisen und äußere Faktoren in die Gegenrichtung?

3.2 Gewissen versus Angst vor Klagen

Unsere Entscheidungsfreiheit wird zunehmend von fragwürdigen Gesetzesparagrafen und rechtlichen Klagen beeinflusst und dominiert. Wenn in Deutschland oder in den USA Ärzt*innen bei privaten Ausflügen zufällig an einem Autounfall vorbeifahren, aussteigen und zu helfen versuchen, kann es leicht geschehen, dass sie hinterher dafür eingeklagt werden, dass sie nicht ihre ganze Ausrüstung dabeihatten und dadurch ihre Sorgfaltspflicht verletzten. Um solchen Klagen aus dem Weg zu gehen, fahren offenbar nicht wenige Ärzt*innen bei Autounfällen unbemerkt weiter. Auch sollen in Deutschland und in den USA manche Ärzt*innen zu bestimmten Operationen nicht mehr bereit sein, weil bei Misslingen immer öfters Schadenersatzklagen in Millionenhöhe eingereicht werden. Ärzt*innen können heute nicht mehr automatisch das Beste für ihre Patient*innen tun, sondern tendieren aus Angst vor Klagen zu einer Defensivmedizin. Aus Angst vor Klagen empfehlen viele Urolog*innen Tests für die Früherkennung von Prostatakrebs, obwohl sie selbst der Meinung sind, dass die Tests medizinisch nichts bringen oder sogar mehr schaden als nutzen.

Ein befreundeter Steuerberater in Deutschland gab seinen Beruf auf, nachdem ein Berufskollege von einem Klienten dafür verurteilt wurde, dass der Berater ihn nicht darauf hingewiesen hatte, dass man mit dem Kirchenaustritt Steuern sparen kann. Immer mehr Architekten fühlen sich in Deutschland durch die zunehmenden Bauvorschriften eingeschränkt und hängen ihren Job an den Nagel.

Neben der Tendenz, fragwürdigen Gesetzen mehr zu folgen als der inneren ethischen Überzeugung, kommt erschwerend dazu, dass manche Angestellte auch die noch bestehenden rechtlichen Spielräume nicht nutzen, weil sie Vorgesetzten keinen Anstoß zu Kritik geben und allfällige Beförderungen und Prämien nicht gefährden wollen.

- Wann und wo habe ich wegen möglicher rechtlicher Folgen gegen meine persönliche Überzeugung entschieden?
- Wann und wo habe ich wegen möglicher Kritik gegen meine innere Gesinnung entschieden?
- In welchem Fall würde ich in Zukunft wegen möglichen rechtlichen, finanziellen oder beruflichen Konsequenzen gegen mein Gewissen entscheiden?

3.3 Autonome Synapsen im homo irrationalis

Die Psychologie untersucht Entscheidungsprozesse, in denen wir unsere Situation, die unterschiedlichen Optionen und die möglichen Konsequenzen mehr oder weniger bewusst abwägen. Bei Entscheidungsprozessen sind Verstand, Gefühle und Wille beteiligt – im besten Fall synergetisch, im schlechtesten Fall antagonistisch. In den meisten Entscheidungssituationen können wir mit unserem Gedächtnis auf frühere Entscheide zurückgreifen. Wenn wir 150-mal das Erdbeerjoghurt bei Aldi gekauft haben, ist die Wahrscheinlichkeit hoch, dass wir auch weiterhin dieses aus dem Regal nehmen. In den meisten alltäglichen Entscheidungen dominiert die Macht der Gewohnheit, sei es bei der Kleiderwahl am Morgen, bei der Wahl der Speisen und Getränke im Restaurant oder bei der Wahl des Weges zum Arbeitsort. Ist hingegen unser Gedächtnis durch Unfall oder Alter beeinträchtigt und das Referenzsystem entfällt, wird jede Wahl zur Qual.

Der Neurophysiologe Wolf Singer (*1943) hält den freien Willen und unsere Entscheidungsfreiheit aus anderen Gründen als Schopenhauer und Hobbes für einen Mythos. Er ist überzeugt, dass Entscheidungsprozesse durch neuronale Prozesse vorbereitet werden, die nur zum Teil bewusstwerden. Die Neurologie geht von zwei unterschiedlichen Entscheidungsarten aus: einer bewusst-rationalen und einer unwillkürlich-emotionalen Informationsverarbeitung. Wenn wir beispielsweise auf einer Wanderung am Boden eine geringelte Struktur sehen, melden die Sehnerven der Augen diese Tatsache der zentralen Schaltstelle, dem Thalamus. Dieser meldet die Information an zwei Systeme weiter. Im Hinterhauptlappen der

Großhirnrinde werden die Sehzentren aktiviert. Diese machen eine geringelte Struktur aus und melden es der Entscheidungsinstanz im dorso-lateralen prä-frontalen Cortex, dem vorderen Stirnlappen, der die Fähigkeit besitzt, Probleme mithilfe gemachter Erfahrungen und Logik in Sekundenbruchteilen mit geeigneten Maßnahmen in eine Bewegung umzusetzen. Das Resultat ist in diesem Fall das Weitergehen, weil unser Hirn das Objekt als Wurzel identifiziert hat. Die zweite Art der Informationsverarbeitung besteht in der Aktivierung des emotionalen Erfahrungsgedächtnisses. Die Information der Sehnerven führt vom Thalamus zur Amygdala (Mandelkern) im Hirnzentrum, welche die emotionale Verarbeitung einleitet. Die Erfahrung auch gleich im Hippocampus (Seepferdchen) gespeichert, wo alle bisherigen Erfahrungen archiviert sind. Die Basalganglien wählen blitzschnell ein Bewegungsmuster aus und übermitteln es. Der Hypothalamus aktiviert via Hypophyse Stresshormone. Und im Nachhirn wird der Sympathikus eingeschaltet. Das Resultat ist eine Schreckstarre, weil unser Hirn das Objekt als Schlange identifiziert hat. Das erste Entscheidungssystem ist bewusst, funktioniert durch Abwägen und kommt zu genauen Resultaten. Das zweite Entscheidungssystem ist unbewusst und arbeitet blitzschnell auf Grund von angeborener oder früh angelernter Konditionierung. Dieses System drückt sich körperlich aus. In diesem beschriebenen Beispiel war die Schreckstarre unnötig, aber bei tatsächlicher Anwesenheit einer Schlange wäre sie lebensrettend.

Der Bio-Computer in unserem Hirn vergleicht blitzschnell aktuelle Sinneseindrücke und Informationen. Im sogenannten Limbischen System werden sie unwillkürlich mit früheren Erfahrungen verglichen und in positiv oder negativ, angenehm oder unangenehm sortiert. Als wichtiges Kriterium dient dem Limbischen System die Frage, ob eine ähnliche Erfahrung für uns in der Vergangenheit

3 Unser Umgang mit Freiheit

mit Freude und guten Gefühlen oder mit Angst und Ekel verbunden war. Unser Unbewusstes übersetzt Information in Emotionen und Körperempfindungen. Unsere Gefühle sind hochkonzentriertes Erfahrungswissen. Aus diesem Wissen formt unser Hirn in Sekundenbruchteilen einfache, schnelle, intuitive Entscheidungsempfehlungen. Neurologen und Psychologinnen wie Maja Storch, Gerhard Roth und Antonio Damasio sprechen von *somatischen Markern* im Hirn, die uns bei der Vorbewertung verschiedener Handlungsoptionen helfen. Nach ihrer Theorie ordnen wir in unserem Bio-Computer jeder Erinnerung eine bestimmte Körperempfindung zu. Bei bestimmten Sinneseindrücken können wir beispielsweise innerhalb von Millisekunden einen rasenden Puls, ein Kribbeln oder tanzende Schmetterlinge im Bauch spüren. In anderen Situationen können wir Herzflattern, Atemnot oder einen Kloss im Hals spüren, etwas kann uns den Magen zusammenschnüren oder eiskalt über den Rücken laufen. Somatische Marker bestimmen weitgehend, welches Getränk, welche Musik oder welchen Mitmenschen wir mögen oder meiden und ob wir bei einem Ausflug lieber auf den Berg, ins Museum oder ins Wirtshaus gehen.

Bereits das Baby lernt mit seinem limbischen, emotionalen Gedächtnis, was in seiner Umgebung und an seinen eigenen Handlungen lustvoll oder schmerzhaft ist. Angenehme Gefühle regen die Aktivität der Dopamin-Neuronen an, was im „Belohnungszentrum" des mittleren Hirnlappens (orbito-frontaler Cortex) mit dem Tomografen zu sehen ist. Auch Tiere besitzen ein Limbisches System und somatische Marker, die je nach Sinneseindruck in Millisekunden den Fluchtreflex, den Kampfmodus oder den Jagdinstinkt auslösen. Wir Menschen unterscheiden uns vor allem dadurch vom Tier, dass wir in Situationen, in denen es uns an vergleichbaren Erfahrungen im Bio-Computer mangelt, das etwas langsamere rationale Bewusstsein einschalten.

Dass und wie eng unser Entscheidungsverhalten mit unseren Hirnfunktionen verbunden ist, wird vor allem bei Menschen mit Hirnverletzungen oder Demenz sichtbar. Je nach Verletzung können sie zwar weiterhin einwandfrei rechnen, beherrschen mehrere Fremdsprachen und sind zum rationalen Abwägen von Wahloptionen fähig, nicht aber zum Entscheiden selbst. Sie können ohne ihr Erfahrungsgedächtnis auf der verletzten Bio-Festplatte den verschiedenen Wahloptionen keine angenehmen oder negativen Gefühle mehr zuordnen. Es fehlt ihnen der Bezugspunkt aus der Erinnerung, der ihnen sagt, wie sie in einer bestimmten Situation reagieren sollen. Neurologen behaupten, dass 99,9 % unserer Entscheidungen im Hirn wie bei einem Schach-Computer ablaufen. Stehen wir vor einer Entscheidung, erinnern sich unsere Hirnzellen an frühere ähnliche Situationen und kombinieren innert Millisekunden die beste Lösung. Bei Menschen mit Demenz oder Hirnschädigungen kann sich der Bio-Computer nicht an frühere Entscheidungen erinnern, die als Referenzpunkte für eine aktuelle Wahl dienen könnten. Wenn Gesunde 150-mal das gleiche Erdbeer-Joghurt gekauft haben und damit positive Erfahrungen gemacht haben, ist die Wahrscheinlichkeit hoch, dass sie beim 151. Mal wieder dieses Joghurt kaufen.

Selbst wenn wir entspannt im Liegestuhl dösen, erleben wir 11 Mio. Sinneseindrücke pro Sekunde, können davon aber in der Großhirnrinde lediglich 40 bis 60 Informationen verarbeiten. Darum handelt der Homo sapiens meistens irrational: Er isst zu viel, schläft und bewegt sich zu wenig und kauft lauter Dinge ein, die er eigentlich nicht braucht, zündet sich Zigaretten an, obwohl ihm die Ärztin das Rauchen schon x-mal abgeraten hat, und er fliegt auch 50 Jahre nach den ersten Klima-Reports noch immer mit dem Flugzeug zum Tauchen in die Seychellen. Der Homo irrationalis gibt sein Geld lieber für einen kurzfristigen Genuss aus als für etwas mehr Sicherheit im Alter. Es lohnt sich, auf www.youtube.com das Video des berühmten Marshmallow-Tests anzuschauen, der 1968 vom Psychologen Walter Mischel entwickelt wurde. Er stellte Kinder vor die Wahl zwischen einem Gummi-Keks, den sie sofort erhielten, oder zwei Marshmallows, die sie später erhalten sollten. Mischel fand 12 Jahre später in Nachbeobachtungsstudien heraus, dass die Kinder, die im ursprünglichen Experiment über eine höhere Impulskontrolle verfügten und länger warten konnten, später als Heranwachsende kompetenter in schulischen und sozialen Bereichen waren und leichter mit Frustration, Stress und Konsumreizen umgehen konnten.

In manchen Bereichen kann irrationales Handeln segensreich sein. Die Menschheit wäre längst ausgestorben, wenn wir die Entscheidung für eigene Kinder rein rational fällen würden. Dann wären nämlich weder zwischen 1939 und 1945 noch während des Kalten Krieges Kinder gezeugt worden. Und auch heute würde angesichts der Klimaerwärmung und weltweit rund 40 Kriegsherden niemand Kinder zeugen. Vor allem wenn Amor und Libido mit im Spiel sind, ticken wir Menschen wenig rational.

Von der Tatsache, dass wir irrational handeln, profitieren vor allem Verhaltensökonomen und Marketing-Profis, die dank Shopping-Daten und Wahrnehmungs-Tests unser Konsumverhalten besser kennen als wir selbst und alle Beichtväter der Welt zusammen. Warum kaufen wir Menschen teure Marken, wenn wir dasselbe Produkt ohne Logo zum halben Preis bekommen können? Und warum verkauft sich Coca-Cola besser als Pepsi, obwohl Pepsi bei anonymen Geschmackstests besser abschneidet? Das Marktforschungsinstitut ACNielsen identifiziert vier Entscheidungstypen hinsichtlich des Einkaufsverhaltens, wobei eine Person je nach Warengruppe einem von vier Käufertypen zugeordnet werden kann. Autopiloten greifen vor allem bei Artikeln des täglichen Bedarfs (z. B. Milch, Käse, Butter, Kaffee, Babyfood) ohne das Etikett oder den Preis zu überprüfen schnell nach jenen Marken, die sie kennen und oft kaufen. Vielfaltsuchende schauen nach neuen Geschmacksrichtungen und Formaten (z. B. bei Tiefkühlprodukten, Convenience Food, Kekse, Kaugummis, Salat-Dressings). Hochempfindliche „Buzz-Typen" sind empfänglich für anregende Werbung (z. B. im Bereich Sportgetränke und Schokolade). Und Schnäppchenjäger halten Ausschau nach Aktionen (z. B. bei Kleidern, Obst und Gemüse, Fleisch und Wein). Ein gut funktionierender Trick von Marketing-Spezialisten ist der Einsatz von Ködern. In einem Test sollten sich die Teilnehmenden für eine Reise nach Rom oder Paris entscheiden. Es gab ein Angebot für Paris und für Rom gab es zwei Angebote. Eines der beiden Rom-Angebote war in einem heruntergekommenen Hotel zu überhöhtem Preis. Fast alle wählten den billigeren Trip nach Rom. Clevere Wirte setzen ein bis zwei besonders teure Speisen in jede Kategorie der Speisekarte, weil dann erfahrungsgemäß von der Suppe bis zum Dessert jeweils das dritt teuerste Gericht am meisten bestellt wird.

Verhaltensökonomen wissen auch, dass unser Verstand umso gelähmter und die Angst vor Fehlentscheiden umso mächtiger, wird, je grösser das Angebot in den Regalen der Supermärkte ist. Bei alltäglichen Kaufentscheiden dominiert meistens die Rekognitionsregel: Wir wählen das, was wir kennen. Das Neuromarketing setzt darum viel Energie dafür ein, Markenartikel in unserem Unbewussten zu verankern. Firmen wie Audi, Nivea und Red Bull, Nutella und Adidas, Apple und Starbucks können relativ leicht den Preis erhöhen, weil ihre Namen bekannt sind und wir auch beim nächsten Einkauf in ihre heiligen Hallen pilgern oder ihre Produkte in den Einkaufswagen legen.

Die Markenauswahl wird weitgehend von der Gewohnheit bestimmt und nicht vom Wunsch, Neues auszuprobieren. Verhaltensökonomen beschäftigen sich auch gezielt mit Schnäppchenjägern. Wird ein Mantel von 400 auf 200 € herabgesetzt und hinterher nochmals um 100 € reduziert, so haben die meisten Käufer*innen den Eindruck, 300 € gespart zu haben, obwohl sie den Mantel niemals für 400 € gekauft hätten. Oft bestimmt der ursprüngliche Preis des Produkts unser Hirn und nicht der Gedanke, ob wir das Produkt tatsächlich brauchen.

Dass unsere Entscheide durch zahlreiche Faktoren beeinflusst, gestört und verzerrt werden, beschreibt Daniel Kahnemann (1934–2024) in seinem Buch „Noise", dass sich wie ein Krimi liest. Auf Grund zahlreicher Befragungen und Tests in aller Welt zeigte er den unbewussten Einfluss von Wochentagen, Tageszeiten, Hunger, Wetter, Charakter, Weltanschauung, Müdigkeit, Raumtemperatur, Wertesystem und Gruppendruck auf unser Entscheidungsverhalten auf. Es gibt systemische Abweichungen von guten Entscheidungen (bias), die durch kollektive Faktoren wie Rassismus oder Sexismus entstehen. Daneben gibt es zufällige Abweichungen (noise), wenn es eine breite Streuung von Entscheidungsresultaten und keine absolute und objektive Wahrheit oder Richtigkeit gibt. Kahnemann zeigte in allen gesellschaftlichen Bereichen zufällige Streuungen bei folgenschweren Entscheiden auf: in der Medizin, in der Sozialarbeit, bei Wirtschaftsprognosen, im Asylbereich, bei der Personalrekrutierung sowie in der Forensik. Eine breite Streuung bei Entscheidungen ist nicht nur negativ. Bei Gastro-, Literatur-, Film- und Musikkritik sind vielfältige Geschmacks-Urteile durchaus erwünscht. Wenn aber Richter*innen nachweislich weniger Hafturlaube gewähren, weil sie Hunger haben oder weil die Temperatur im Saal zu hoch ist, sind Verzerrungen tragisch.

- In welchen Situationen entscheide ich sehr rational?
- In welchen Bereichen oder Situationen entscheide ich nicht unbedingt oder bewusst nicht rational?

3.4 Bis zuletzt alle Türen offenlassen

Nicht erst seit der Corona-Pandemie, wo zahllose Anlässe verschoben oder annulliert werden mussten, melden sich Menschen erst im letzten Augenblick an. Sogar bei privaten Feiern und Hochzeiten müssen Einladende seit 20 Jahren ihre Gäste mit Erinnerungs-Mails an die Anmeldung erinnern. Wenn ich heute private Einladungen oder professionelle Tagungen organisiere, kalkuliere ich immer 10 % ein, die sich erst am Tag des Anlasses an- oder abmelden, gar nicht oder unangemeldet auftauchen. Manche sind der Absicht, dass dies ein Phänomen der Millennials sei, und nennen diese auch „Generation Maybe". Doch inzwischen finden sich in allen Generationen Leute, die alles wollen und sich nicht festlegen können und wollen. Seit einigen Jahren trägt die Entscheidungsscheu aus Angst, eine vermeintlich bessere Option zu verpassen, einen offiziellen Namen: *„Fear of missing out",* kurz FOMO. Am Fernseher zappen manche wiederholt durch alle Kanäle, obwohl ihnen die eingeschaltete Sendung gut gefällt. Von der Angst, innerhalb der Multioptionsgesellschaft jeweils eine noch bessere Option zu verpassen, sind vor allem Menschen betroffen, die oft Soziale Medien nutzen. Wer soziale Netzwerke nutzt, wird permanent mit neuen Möglichkeiten, Angeboten und Gelegenheiten konfrontiert. Dies verstärkt die Angst, etwas zu verpassen. Manche Jugendliche verfolgen Klassenchats zwanghaft bis in die frühen Morgenstunden. Manche User von sozialen

Netzwerken schauen ihre aktuellen Posts und Newsfeeds bereits vor dem Aufstehen, während des Essens und auch noch kurz vor dem Schlafengehen an, um nichts zu verpassen. Und sie fühlen sich niedergeschlagen, wenn sie auf Snapchat, Instagram, Facebook oder Tiktok entdecken, dass ihre Freunde etwas ohne sie unternommen haben. FOMO ist die Befürchtung, dass wir Informationen, Ereignisse, Erfahrungen, Produktangebote und Einladungen verpassen könnten, die uns mehr Erfüllung schenken oder Spaß bereiten könnten. Hinter dieser Furcht steckt die Angst, ausgegrenzt oder nicht gemocht zu werden von Menschen und Gruppen, die einem wichtig sind. Personen, die an FOMO leiden, verkörpern Voltaires Bonmot *„Das Bessere ist des Guten Feind"*. Jugendliche leiden nicht nur wegen der häufigen Smartphone-Nutzung stärker und häufiger als Erwachsene an FOMO, sondern auch weil sie weniger geübt sind, Wichtiges von Unwichtigem zu trennen und Prioritäten zu setzen. Im Bus beobachte ich oft Jugendliche, wenn sie gelangweilt auf ihrem Smartphone rauf und runterscrollen auf der Suche nach etwas Aufregendem. Der Markt nutzt FOMO schonungslos aus. Händler von Kryptowährungen halten den Preis von Produkten künstlich hoch, weil Personen mit FOMO fürchten, gute Kaufgelegenheiten zu verpassen und darum für Pump-and-Dump-Systeme anfällig sind. Und das Onlinemarketing profitiert von Personen mit FOMO, indem Produkte nur während weniger Stunden oder Tage angeboten werden und dadurch bei den Käufern die Furcht triggern, ein großartiges Angebot verpassen zu können.

> Wann und wo lasse ich bis im letzten Moment alle Türen offen, um mich kurzfristig für die vermeintlich beste Option entscheiden zu können?

3.5 Marionetten von Algorithmen?

Wenn ich im Internet eine Suchmaschine aufrufe, erscheinen auf dem Bildschirm lauter Bücher, die ich in letzter Zeit online bestellt habe. Manchmal auch Damenkleider, weil ich hin und wieder für meine Partnerin Zahlungen online erledige. Im globalen Datennetz hinterlassen wir permanent Spuren zu gesuchten und positiv bewerteten Informationen, zu Kaufentscheiden, Bewegungsmustern und Gewohnheiten. Die IT-Giganten besitzen astronomisch viele Daten über den gläsernen Menschen. Big Data kennt unsere Stärken und Schwächen, unser Ausgehverhalten sowie unsere Konsumgewohnheiten, Urlaubsorte, Weltanschauungen und Wertehierarchien besser als wir selbst. Das weltweite Netz weiß, welche Reise ich gerade gebucht oder welche Schuhe ich im Netz zuletzt angeschaut habe.

Der Dataismus hat direkte Auswirkungen auf unser Entscheidungsverhalten. Wenn wir im Netz ein Buch suchen, erhalten wir auf Grund früherer Recherchen individuelle Empfehlungen. YouTube zeigt Kindern auf, welche Filme sie als nächstes sehen sollen. Das Kindle-Gerät merkt sich, bei welchen Inhalten wir schneller lesen oder länger verweilen und empfiehlt uns entsprechend weitere Bücher. Bei der Partnerwahl beeinflussen uns nicht mehr Eltern und Freunde, sondern Online-Plattformen, die uns deckungsgleiche Charaktere und Interessen mit anderen Personen aufzeigen. Und Apps zeigen uns auf Grund unseres Konsumverhaltens auf, wo wir eine Wohnung mieten sollen und wo nicht.

Algorithmen werden generiert, wenn wir in den Suchmaschinen von Google, Bing oder Yahoo einen Begriff eingeben, auf Facebook, Instagram, X oder Pinterest etwas posten oder liken, bei Streaming-Anbietern wie Spotify oder Netflix Musik und Filme herunterladen, uns von News-Portalen Push-Nachrichten senden lassen oder online shoppen. Dadurch wissen die IT-Giganten nicht nur, was wir konsumieren, sondern wie wir über bestimmte politische, soziale und religiöse Themen denken.

Im wirtschaftlichen, medizinischen, militärischen, rechtlichen und personellen Bereich kommen immer öfter Algorithmische Entscheidungssysteme (AES) zum Einsatz. Sie können mehr Informationen besser oder schneller verarbeiten als der Mensch. AES bestimmen, welche Werbung wir im Internet angezeigt bekommen, welche Nachrichtenbeiträge uns erreichen und ob wir kreditwürdig sind. Streng genommen treffen die Maschinen und ihre Software-Programme keine Entscheidungen, sondern simulieren Entscheidungen und optimieren diese gemäß der ihnen einprogrammierten Ziele. In mehreren Bereichen weist die bestehende und die potenzielle AES-Anwendung Stärken und Schwächen, Chancen und Gefahren auf.

- **Stellenbewerbungen:** In Großbritannien und in den Vereinigten Staaten scheiden bis zu 70 % der Bewerbungen mit einem algorithmischen Entscheidungssystem (AES) auf Grund von Online-Persönlichkeitstests (z. B. Robo-Recruiting, People Analytics) aus dem Aufnahmeverfahren aus. Beim Verbrauchsgüter-Konzern Unilever müssen Job-Bewerbende drei Online-Selektionsrunden überstehen, ehe sie einem menschlichen Gegenüber beggenen. Online-Tests fragen beispielsweise die Reisedistanz zum neuen Arbeitsort ab. Diese Information nutzte der US-Call-Center Betreiber Xerox Services zur automatisierten Aussonderung, weil Personen mit längeren Anfahrtswegen statistisch früher kündigen als Personen, die in der Nähe wohnen. In diesem Fall diskriminiert AES-Personen, die sich keine Wohnung im urbanen Zentrum leisten können. Diskriminierungen geschehen aber genauso, wenn Menschen in einer Personalabteilung Bewerbungsunterlagen prüfen. In Deutschland muss ein Kandidat mit einem deutschen Namen durchschnittlich fünf Bewerbungen schreiben, ein Mitbewerber mit einem türkischen Namen hingegen sieben, um eine Einladung zum Vorstellungsgespräch zu erhalten. Manche Wissenschaftler sind überzeugt, dass Maschinen bessere Personalentscheide treffen als Menschen, weil Stellenbewerbende weniger den Sympathien von HR-Fachpersonen oder Vorgesetzten ausgesetzt sind. Fachleute aus der Praxis trauen hingegen dem Menschen ein besseres Urteil zu, weil dieser Soft-Faktoren wie Glaubwürdigkeit, Humor und Emotionen besser beurteilen kann als ein Algorithmus.

- **Diversität an Schulen:** Bisher wurden Kinder nach dem Kindergarten mehr oder weniger auf Grund ihrer Adresse dem nächstgelegenen Schulhaus zugeteilt. Um die Diversität der Kinder an den Schulen zu optimieren, werden an immer mehr Orten mithilfe von AES neben Informationen über die Schulkapazitäten und die Wohnorte der Kinder auch demografische Daten in möglichst kleinen statistischen Einheiten (auf Häuserblockniveau) berücksichtigt.
- **Studienplatzvergabe:** In Frankreich existiert ein algorithmisches Entscheidungssystem (AES), das angehenden Studierenden einen Studienplatz in einem bestimmten Studienfach und an einer bestimmten Hochschule zuordnet. Der Algorithmus priorisiert Wohnortnähe sowie relative und absolute Präferenzen der Kandidierenden. Rund 60 % der Kandidierenden werden ihrem gewünschten Studienfach und der erstgenannten Hochschule zugeordnet, 14 % ihrer Zweitwahl und 8 % dem drittgenannten Wunsch. Dieses Verfahren wirkt in manchen Fällen diskriminierend: Wohlha-

bende Eltern ziehen teilweise kurz vor dem Abitur ihres Kindes in den Einzugsbereich desjenigen Gymnasiums, das am nächsten bei der gewünschten Universität liegt. In Deutschland existiert mit der Software hochschulstart.de ein vergleichbares Portal. Seit 2020 müssen Hochschulen bei Personen, die Medizin studieren wollen, neben der Abiturnote ein weiteres Auswahlkriterium einrichten, das unabhängig von der Abiturnote ist. Das kann der Test für medizinische Studiengänge sein, eine medizinische Ausbildung oder ein Eignungstest der jeweiligen Hochschule.

- **Kreditvergabe:** In den USA bestimmen Scoring-Algorithmen der drei Auskunfteien TransUnion, Experian und Equifax die Kreditwürdigkeit von Privatkunden auf Grund ihrer Zahlungsmoral, des individuellen Umfelds sowie der Wohn- und Arbeitssituation. Diese Prognosemodelle schließen etwa 70 Mio. US-Bürger von Krediten aus, die mangels Daten keinen oder nur einen sehr teuren Kredit erhalten. Weil Unternehmen diese Werte abfragen dürfen, haben sie u. a. Auswirkungen auf die Kosten von Autoversicherungen, auf Stellenbewerbungen sowie auf Einkaufsmöglichkeiten in Onlineshops wie Zalando. Weil auch die Algorithmen von Bonitätsunternehmen von Menschen programmiert werden, enthalten sie zweifelhafte Kriterien. Leute, die oft umziehen, erhalten beispielsweise weniger leicht einen Kredit oder müssen höhere Zinsen bezahlen, weil sie statistisch betrachtet die Schulden öfter nicht begleichen. Kommt hinzu, dass Unternehmen und Behörden weder fähig noch interessiert sind, die Algorithmen der Bonitätsdatenhersteller zu prüfen.
- **Medizin:** Das Gesundheitswesen basiert bis heute auf Solidarität und Intransparenz. Die Gesunden bezahlen für die Kranken, tendenziell die Jüngeren für die Älteren. Raucher, Alkoholiker und Gleitschirmflieger

bezahlen gleich hohe Kassenprämien wie Vegetarierinnen, die täglich 10.000 Schritte gehen. Algorithmische Entscheidungssysteme (AES) könnten dies künftig ändern. Heute dienen AES im Privatbereich auf der Smartwatch oder im Smartphone der Fitness oder der Überwachung des Cholesterinwerts. In Kliniken und Praxen unterstützen AES die Diagnostik, vor allem bei der Analyse von Bilddaten wie Computertomografien (CT) und Magnetresonanz-Tomografien (MRI). Und sie unterstützen ärztliches Fachpersonal beim Anordnen von Operationen, Therapien und Medikamenten. Problematisch wird der Einsatz von AES, wenn Menschen auf Grund bestimmter Kriterien (z. B. Hirnschädigung oder Frühgeburt) bei teuren Operationen, Medikamenten oder bei Organspenden diskriminiert werden.

- **Online-Plattformen:** Das Ziel von Facebook und YouTube liegt darin, dass ihre User sich so lange wie möglich auf ihren Plattformen aufhalten, Inhalte kommentieren und weiterempfehlen. Dadurch können die Plattformen möglichst viel bezahlte Werbung anzeigen. Weil digitale Plattformen wie klassische Medien Inhalte erzeugen und vermitteln, werden sie für die Inhalte zunehmend als verantwortlich und haftbar betrachtet. In der Folge betreiben Facebook, YouTube und andere Plattformen sowie die Kommentar-Seiten klassischer Medien automatisierte Content-Moderationen, die Hassreden, rassistische Texte oder anstößige Bilder blockieren oder entfernen. Um möglichen Strafgebühren zu entgehen, blockieren die Plattformbetreiber eher mehr als weniger Inhalte, was wiederum die Meinungs- und Informationsfreiheit einschränken kann.
- **Smart City:** Mit Hilfe von AES werden Infrastrukturdaten wie Strom, Wasser und Verkehr erfasst und Daten wie Luftqualität und Lärm über Sensoren gemessen, um die Infrastruktur optimal miteinander zu vernetzen

("Internet of Things"). Dank Navigationssystemen finden wir rascher einen freien Parkplatz und können Baustellen weiträumig ausweichen. Dafür bezahlen wir den Preis, dass unsere Bewegungen via Auto, Smartphone oder Smartwatch permanent erfasst werden. Autos werden in naher Zukunft mindestens teilweise autonom fahren. Zuvor müssen die Autos allerdings für unausweichliche Unfallsituationen ethisch zweifelsfrei programmierbar sein. Denn es kann nicht sein, dass ein Auto bei einem unausweichlichen Bremsmanöver automatisch in den alten Mann statt ins Kind rast oder in die hellhäutige statt in die dunkelhäutige Frau. Ein Arzt darf auch nicht einen verunglückten Motorradfahrer sterben lassen, um dadurch vier bis fünf anderen Personen das Leben zu verlängern.

- **Sicherheit:** Algorithmische Entscheidungssysteme (AES) sind besonders für Polizei, Justiz, Armee und Geheimdienste relevant. Nicht einmal Regierungen und Parlamente wissen genau, welche Daten und nach welchen Kriterien im Internet und im Telefonnetz von uns gesammelt werden. Die Polizei gleicht einerseits biometrische Daten von Kameras, die im öffentlichen Raum Gesichter erkennen, mit ihren eigenen Bildarchiven ab, um Verbrecher leichter finden zu können. Andererseits nutzt sie AES in der Prävention ("predictive policing"), um Gebiete zu identifizieren, in denen Einbrüche und Diebstähle verstärkt auftreten könnten. Die Systeme werden aber eher für die Verfolgung von Tätern angewandt und unterstützen die Stigmatisierung gewisser Ortsteile oder Gegenden. Gerichte verwenden AES, um Prognosen zu stellen für die Rückfallwahrscheinlichkeit von Straftätern. Allerdings zeigt sich gerade in diesem Bereich, dass Algorithmen abhängig sind von den Vorurteilen ihrer Programmierer. In den automatisierten Systemen der USA ist der Anteil von Personen mit dunkler Hautfarbe mit hoher Rückfallprognose und ohne tatsächlichen Rückfall innert zwei Jahren doppelt so hoch wie jener von Weißen. Im Asylwesen werden AES angewandt, um zu prüfen, ob die Aufnahmegesuche der Schutzsuchenden plausibel sind. Dafür werden Telefondaten ausgewertet und historische Verbindungsdaten und gespeicherte Telefonnummern analysiert, was grundrechtlich höchst problematisch ist. Armeen verwenden algorithmische Entscheidungsprogramme einerseits zum Einschätzen von Risiken über mögliche Gewalttaten. Und andererseits erkennen Drohnen Personen und Objekte automatisch und können diese autonom zerstören.

Entscheidungssysteme, die auf Algorithmen basieren, sollte man nicht unkritisch und pauschal glorifizieren oder verteufeln. Algorithmen sind Meister der Komplexitätsbewältigung. Sie gehen schnell und effizient mit riesigen Datenmengen um und werten diese konsistent aus. Dank Algorithmen sind unsere Kreditkarteninformationen geschützt, wenn wir online einkaufen. Dank Algorithmen in Navigations-Apps sparen wir bei Stau und Baustellen viel Zeit. Und dank Algorithmen können Stromproduzenten vorhersagen, in welcher Region wann wie viel Strom gebraucht wird, und fahren folglich Kraftwerke rechtzeitig hoch oder runter. Dass Algorithmen im Internet genau die Dinge herausfiltern, für die wir eine Präferenz haben und die mit unseren Ansichten übereinstimmen, kann man positiv und negativ betrachten. Einerseits ermöglichen sie uns in der Text- und Bilderflut eine gezielte Information, andererseits entstehen dadurch eine Entmündigung und eine kognitive Verzerrung bei einzelnen Personen sowie polarisierte Filterblasen (Bubbles) in der Gesellschaft. Eindeutige Gefahren durch autonome Systeme bestehen einerseits durch Hacker. Interessengruppen oder Staaten können AES nutzen, um das Verhalten der Menschen zu kontrollieren und zu beeinflussen, Informationen zu verfälschen, der Integrität des demokratischen Diskurses schaden sowie Wahlen und Abstimmungen manipulieren. Andererseits existiert eine reale Gefahr durch den Hochfrequenzhandel (HFT), der Wertpapiere mit AES in Mikrosekunden kauft und verkauft. Dadurch nutzt der HFT minimale Kursschwankungen von Wertschriften gewinnträchtig und provoziert kurzfristige Börsencrashs.

Algorithmische Entscheidungssysteme müssen zum Wohl der Gesellschaft programmiert und genutzt werden. Dafür braucht es sowohl klare gesetzliche Rahmenbedingungen als auch kompetente und unabhängige Ethik-Ausschüsse. Entscheidungen wie die Dauer von Haftstrafen oder die Zuteilung medizinischer Hilfe können nicht allein Software-Programmen überlassen werden. Dass die Datenschutz-Grundverordnung (DSGVO) der EU seit 2018 in Kraft ist und von weiteren Staaten sowie Unternehmen in anderen Ländern übernommen wurde, ist ein wichtiger Schritt. Bei automatisierten Entscheidungen sollten die Kriterien und die Überprüfung von Algorithmen zumindest für bestimmte Zielgruppen transparent gemacht werden, und Online-Plattformen sollten die Grundprinzipien ihrer Such- und Empfehlungsalgorithmen für Nutzer offenlegen. Der Mensch sollte das Recht auf Information zu erhobenen und verarbeiteten Daten sowie auf die Korrektur erhobener Daten besitzen. Und Programmierer von AES sollten wie das medizinische Personal einen hippokratischen Eid ablegen.

Wenn es stimmt, dass etwa 99 % unserer Entscheidungen automatisch im Bio-Computer ablaufen und wenn Algorithmen künftig etwa 90 % unserer Entscheidungen beeinflussen werden, bleiben von den täglichen 100.000 Entscheiden für unseren freien und autonomen Willen gerade mal hundert Entscheide übrig. Seit 2020 existiert in China ein soziales Kreditsystem. Chinesische Bürger*innen werden auf Grund zahlreicher Daten (z. B. Konsumgewohnheiten, soziale Kontakte und gesellschaftliches Engagement) bewertet. Dieser Wert beeinflusst die Kreditwürdigkeit, die Möglichkeit zum Mieten eines Autos, zum raschen Check-in im Hotel oder zum Erhalt eines Schengen-Visums. Für mich ist diese Vorstellung erschreckend. Aber zahllose Menschen sind auch außerhalb Chinas begeistert von dieser Tendenz.

- Welche Anwendungen von algorithmischen Entscheidungssystemen (AES) finde ich sinnvoll?
- Welche Anwendungen sind meiner Meinung nach gefährlich und sollten darum verboten werden?

3.6 Freiheitsrechte versus kollektive Sicherheit

A. Freiheitsvorstellungen bewegen sich in einem dynamischen Verhältnis von Individuum und Kollektiv. In den letzten Jahrhunderten wurden mal der Gesamtheit, mal dem Individuum mehr Rechte oder Pflichten zugewiesen. Heute wird je nach Land und Staatsform die Balance zwischen kollektiver Sicherheit und individueller Freiheit unterschiedlich betrachtet und geregelt.

B. Seit dem Anschlag auf die New Yorker Twin Towers am 11. September 2001 hat sich diese Balance selbst in liberalen Staaten zugunsten kollektiver Sicherheit und zulasten individueller Freiheitsrechte verschoben. Zahlreiche Staaten vermessen seither ihre Bürger*innen biometrisch, rastern sie datenmäßig durch, verfolgen ihre Bewegungen elektronisch, verschärfen das Vereins- und Versammlungsrecht, schränken Rede-, Meinungs-,

3 Unser Umgang mit Freiheit

Glaubens- und Handelsfreiheit ein und erweitern die Kompetenzen von Polizei und Geheimdiensten.

Die Corona-Pandemie hat die Gewichte mit bleibender Wirkung noch weiter in Richtung Staatsintervention und Kollektivismus verschoben. Regierungen führten per Notrecht eine Impfpflicht ein sowie Maskenpflicht in öffentlichen Räumen und im öffentlichen Verkehr, schlossen Schulen und Restaurants und schränkten die Versammlungs-, Gewerbe- und Bewegungsfreiheit ein. Ein Schweizer Kanton wollte im Frühjahr 2020 sogar eine Ausgangssperre für Senioren einführen. Die Bevölkerung reagierte gespalten: Die Hälfte der Schweizer Bevölkerung ließ sich freiwillig von der staatlichen Corona-App überwachen, während sich andere empört darüber beklagten, dass es monatelang verboten war, Angehörige nicht einmal am Sterbebett in Betagtenzentren und Krankenhäusern zu besuchen. In der Corona-Pandemie wurden viele Staaten per Notrecht regiert, während gleichzeitig Parlamente und Gerichte ihre Kontrollfunktion nur beschränkt wahrnahmen, Medien unkritische Hofberichterstattung betrieben und die betroffene Wirtschaft sowie die Zivilgesellschaft nicht mitentscheiden konnten. Corona hat als epochales Ereignis dazu geführt, dass weltweit immer mehr Menschen akzeptieren, dass Grund-, Bürger- und Menschenrechte sowie demokratische Spielregeln beschnitten werden, damit Regierungen Krisen möglichst effizient meistern können. Problematisch an dieser Entwicklung ist, dass durch Klimaerwärmung und Migrationsströme Krisen immer rascher aufeinander folgen und der Ausnahmezustand mit Notstandsrecht zur Regel werden könnte. Je öfter Regierungen Grund- und Menschenrechte zum Schutz des Gemeinwohls einschränken, umso wichtiger ist es, dass Parlamente und Gerichte sowie Zivilgesellschaft, Wirtschaft und Medien dafür sorgen, dass durch Notrecht bestimmte Maßnahmen befristet sind und dass diese bei jeder Verlängerung neu und öffentlich diskutiert werden.

> Welche staatlichen Einschränkungen individueller Freiheit zugunsten kollektiver Sicherheit oder Gesundheit finde ich legitim – und welche nicht?

3.7 Freiheit und Selbstverantwortung

Dass wir leben, haben unsere Eltern entschieden. Gleichzeitig können wir sie nicht ein Leben lang für unser Dasein, Sosein und unser Glück verantwortlich machen. Menschliche Reife erfolgt durch die Übernahme von Selbstverantwortung. Die Bestimmung von außen und die eigene Freiheit stehen zwar oftmals in Konkurrenz zueinander, bilden aber keinen Widerspruch. Philosophen wie Spinoza und Leibniz und später auch Marx und Freud vertraten die Auffassung, dass der Mensch von den bewussten und unbewussten Gesetzen von Ursache und Wirkung bestimmt wird und dass er sich gleichzeitig durch Bewusstseinserweiterung und richtiges Handeln einen Bereich der Freiheit schaffen und ihn ständig vergrößern kann.

In Wahlsituationen binden und beeinflussen, treiben und hemmen uns oft frühere Entscheidungen, das Verantwortungsgefühl gegenüber der Familie oder dem Unternehmen, bewusste oder unbewusste Rollenmuster sowie innere und äußere Zwänge. Unsere Freiheit ist nie eine absolute und statische Größe, die wir einmal erwerben und dann für immer besitzen. Wir müssen uns immer wieder neu um unsere Freiheit bemühen. Wie eine Fremdsprache, ein Musikinstrument oder ein Sportgerät will und muss die Freiheit immer wieder neu gesucht, errungen und eingeübt werden. Wir haben in vielen Momenten keine absolut freie Wahl. Wenn das Kleinkind in der Badewanne sitzt, können wir nicht einfach in Ruhe im Raum nebenan telefonieren gehen. Wenn wir im Kontrollturm der Flugsicherung sitzen, können wir nicht einfach kurz für einen Kaffee weg gehen. Freiheit darf nicht mit Unabhängigkeit und Verantwortungslosigkeit verwechselt werden.

Wir leben und entscheiden stets in einem bestimmten sozialen und kulturellen Kontext. Befragungen zeigen auf, dass die meisten Leute einem Obdachlosen auf der Straße ein bis zwei Euro geben, einem Spendenaufruf mit Bildern von leidenden Kindern die meisten 20 € überweisen, und einer Sammelaktion mit abgebildeten Tierversuchen 50 € spenden. Hält uns aber jemand ein Messer an die Kehle oder einen Revolver in den Rücken, so geben die meisten bedenkenlos ihre ganze Habe her. Und wenn Kinderlose wissen, dass sie noch drei Monate zu leben haben, vermachen die meisten ihren gesamten Besitz einer Institution, die sie für sinnvoll erachten.

Wir können nicht immer das wollen und tun, was wir zutiefst ersehnen. Manchmal haben wir sogar nur eine Pseudo-Wahl zwischen zwei unbefriedigenden Alternativen oder können uns lediglich zwischen Regen und Traufe oder Pest und Cholera für das kleinere Übel und den begrenzten Schaden entscheiden. In einem berühmten Gedankenexperiment reparieren fünf Männer ein defektes Gleis. Plötzlich löst sich ein Waggon und fährt auf die Arbeiter zu. Der Teilnehmer des Experiments muss sich vorstellen, dass neben ihm ein Hebel ist, mit dem er eine Weiche stellen kann. Dann würde er den Tod der fünf verhindern, weil der Waggon auf ein anderes Gleis gelenkt wird. Doch genau dort arbeitet ein weiterer Mann. Die Dilemma-Frage lautet: Würden Sie die Weichenstellung ändern und einen Mann opfern, um fünf zu retten? Dieses Dilemma spielt auch im Film *Sophie's Choice* und in Albert

Camus Buch *Der Fall,* wo sich Frauen entscheiden müssen, das eine Kind zu retten bzw. das andere zu opfern.

Der Psychologe und KZ-Überlebende Viktor Frankl beschäftigte sich in seinem Buch *Trotzdem Ja zum Leben sagen* mit der Freiheit und der Selbstverantwortung inmitten einer absolut unfreien Umgebung. Er war überzeugt, dass man selbst im KZ dem Menschen seine Freiheit und Würde nicht nehmen könne, sich für oder gegen den Verfall an faschistische Mächte zu entscheiden und zum Spielball der äußeren Bedingungen zu werden.

- Bei welchen Entscheidungen fiel es mir schwer, meine Freiheit und Selbstverantwortung wahrzunehmen?
- Bei welchem Entscheid hatte ich keine echte Wahl und konnte lediglich das kleinere Übel wählen?

4

Unser Umgang mit Komplexität

Zwar genießen wir heute das immense Angebot an Produkten und Dienstleistungen. Dennoch beklagen sich manche über die Tyrannei der permanenten Wahl und schwärmen in einem Anflug von Sozialromantik von früheren Zeiten, von ärmeren Ländern oder autokratischen Staaten, wo man nicht ständig entscheiden muss zwischen diversen Lebensformen und zahllosen Konsumprodukten.

Wenn früher der Vater oder Großvater Metzger, Bäcker, Bauer, Schreiner, Anwalt oder Arzt war, war die Chance groß, dass auch Sohn und Enkel diesen Weg einschlugen. Zu Großmutters Zeiten taten die Leute dieses oder jenes, weil es schlicht so üblich war und weil sie aufgrund ihres Standes, ihres Geschlechts oder ihrer Bildungschancen keine anderen Möglichkeiten hatten. Die meisten Menschen sind froh, dass die religiös oder sozialistisch geprägten Traditionen, Strukturen und Institutionen hierzulande an Macht und Relevanz verloren haben, dass weder

Staat und Kirche noch Parteien und Familien unsere Lebensform bestimmen und dass wir unseren individuellen Lebensstil selbst schneidern und unsere Weltanschauung selbst zimmern dürfen. Manche aber fühlen sich durch das Fehlen von vorgegebenen Lebensentwürfen und Rollenbildern überfordert.

Komplexitäts-, Pluralitäts- und Differenz-Verträglichkeit sind uns nicht in die Wiege gelegt. Dennoch oder gerade deshalb ist es unabdingbar, dass wir die Komplexität des Lebens und Entscheidens bejahen. Wenn uns nicht mehr die Gesellschaft und ihre normgebenden Strukturen von außen Halt bieten, müssen wir das Fundament in uns selbst aufbauen. Je öfter und schneller wir über immer komplexere Fragen in der Multi-Optionsgesellschaft zu entscheiden haben, desto wichtiger wird die Kenntnis unserer persönlichen Entscheidungskriterien.

Bei Vorträgen oder in Kursen lasse ich die Anwesenden jeweils zu zweit über die Schwierigkeiten beim Entscheiden austauschen. Diese liegen interessanterweise fast nie in einer zu hohen Zahl von Optionen, sondern sind eher psychischer Natur:

- Eine Wahl für etwas ist auch eine Wahl gegen etwas.
- Ich habe wenig Vertrauen in meine innere Stimme.
- Ich habe Angst, falsch zu entscheiden und zu versagen.
- Ich möchte es allen recht machen.
- Mich verunsichern mögliche Folgen für mich und andere.
- Mir ist die Fragestellung nicht klar.
- Mir fehlen Informationen zu den Wahloptionen.
- Ich fürchte die unbekannten Faktoren bei den Optionen.
- Ich habe zu wenig Zeit für den Entscheidungsprozess.
- Meine Haltung und Sachzwänge stehen im Konflikt.
- Mir fehlen der Mut und die Kraft zum Entscheiden.

- Mir fehlen die Ressourcen zur Umsetzung der Wahl.
- Ich will möglichst alles offenlassen und nichts verpassen.
- Unsere Gesellschaft lässt Fehler und Versagen nicht zu.
- Mit einer Wahl muss ich Profil zeigen und mich „outen".
- Ich fühle mich bei Entscheidungen allein.
- Mir scheinen oft mehrere Optionen gleich gut zu sein.
- Mir fehlen Kriterien, um die Optionen zu gewichten.
- Meine Ziele und Werte sind mir unklar.
- Es gibt eine Spannung zwischen Kopf, Herz und Bauch
- Sachzwänge lassen mich nicht frei entscheiden.

> - Was finde ich besonders schwierig beim Entscheiden?
> - Was würde mir bei Entscheidungsprozessen helfen?

4.1 Optionen reduzieren

Simplify your life! Vom gleichnamigen Buch konnte Werner Tiki Küstenmacher über eine Million Exemplare verkaufen. In einer komplexen Welt ist es vor allem für politische Parteien und Unternehmensberater naheliegend, dass sie simple und rasche Lösungen für komplexe globale Probleme propagieren. Ich halte mich lieber an Umberto Eco, der im Buch „Das Foucaultsche Pendel" betonte, dass simple Lösungsvorschläge für komplexe Probleme mit Sicherheit falsch seien. Weil wir immer schneller und öfter zu entscheiden haben und weil dabei immer mehr Informationen und Kriterien zu beachten und zu integrieren sind, entwickeln immer mehr Menschen eine Komplexitätsaversion oder gar eine Komplexitätsverweigerung. Apple-Gründer Steve Jobs besaß über ein Dutzend identische schwarze Rollkragenpullover, um sich beim morgendlichen Anziehen nie entscheiden zu müssen. Offenbar lehnte er sich an Albert Einstein und Alfred Hitchcock an, die mehrere identische Anzüge besaßen, um ihre Entscheidungen zu minimieren. In diesem Kapitel werden zwar Wege aufgezeigt, wie wir bei Entscheidungen die Komplexität etwas reduzieren können. Aber das Leben ist und bleibt komplex und kompliziert.

Grenzenlose Wahlmöglichkeiten machen uns nicht automatisch glücklicher und freier, sondern führen zu einem „Overkill" und mindert die Qualität der Entscheidung sowie die Lust am Entscheiden. Als Paradebeispiel für die optimale Anzahl Wahlalternativen dienen die berühmten sechs Pralinen der amerikanischen Forscher Sheena S. Iyengar and Mark R. Lepper. Ihr Experiment zeigte auf, dass die Auswahl zwischen sechs verschiedenen Pralinen glücklicher macht als die Wahl zwischen nur 2 Sorten und auch glücklicher als die Wahl zwischen 30 Sorten. In einem anderen Test von Iyengar tarnten sich Forscher als Verkäufer bei einer Werbeaktion für Konfitüren. Zuerst boten sie an einem Stand im Supermarkt sechs verschiedene Sorten Konfitüre zum Probieren an, das andere Mal 30 Sorten. Sie beobachteten das Verhalten von 754 Kunden. Anfänglich schien das vielfältige Angebot attraktiver zu sein. 60 % der Kunden blieben vor den 30 Sorten stehen, die begrenzte Auswahl von sechs Sorten vermochte nur 40 % der Kundschaft aufzuhalten. Allerdings konnten sich nur drei Prozent der Personen, die mit dem großen Marmeladeangebot konfrontiert waren, zum Kauf entschließen. Von denen, die nur sechs Sorten zur Auswahl hatten, kauften dagegen 30 % ein Glas Konfitüre. Wer sich mit einem Überangebot konfrontiert sieht, fühlt sich überfordert und wandelt die anfängliche Begeisterung für die Vielfalt an Möglichkeiten in Unzufriedenheit. Wenn wir also vor Entscheidungen stehen, besteht ein erster Schritt darin, die Optionen auf eine vernünftige Zahl zu reduzieren.

> Bei welchen Entscheidungen hatte ich zu viele oder zu wenig Optionen für eine wirklich stimmige Wahl? Und bei welchen Entscheidungen war die Anzahl optimal?

4.2 Entscheidungskriterien reduzieren

Oft macht nicht das grenzenlose Angebot an Möglichkeiten in der Multioptionsgesellschaft unsere Wahl zur Qual, sondern unser Hang zur besten aller Möglichkeiten. Darum ist nicht nur ein kluges Maß an Optionen unerlässlich, sondern auch eine möglichst große Klarheit bezüglich der Entscheidungskriterien. Gerade bei Kaufentscheiden können wir die Wahlkriterien bewusst reduzieren. Beim Kauf einer Digitalkamera oder eines Computers entscheiden meistens zwei bis drei bestimmte Funktionen über Kauf oder Nicht-Kauf. Beim Buchen des Urlaubs ist die Sache schon etwas komplizierter. Wenn man auf der Website von booking.com die Destination Italien eingibt, erscheinen 277.000 Angebote. Klickt man bei den Filtern in der linken Spalte auf Doppelzimmer mit Meerblick, Möglichkeit zur Selbstverpflegung und auf einen maximalen Preis von 160 € pro Nacht, sinkt die Anzahl Optionen auf 124. Meine Partnerin reduzierte die Anzahl Optionen mit drei weiteren Kriterien auf die gewünschte Zahl sechs. Die Lage der Unterkünfte sowie die Lektüre der Bewertungen von Gästen führte schließlich zum eindeutigen Resultat. Auch wenn jemand auf Online-Plattformen eine Partnerin oder einen Partner sucht, ist es sinnvoll, die Optionen dank sinnvoller Kriterien auf die magische sechs des Pralinen-Experiments zu reduzieren. Manche wenden bei der Reduktion von Entscheidungskriterien den „pars-pro-toto"-Trick an, indem sie auf den Bildern der Hotels 1–2 unscheinbare Details auswählen, z. B. den Stil der Lavabos im Bad oder die Art der Stühle im Speiseraum. Wenn diese Details überzeugen, gehen sie davon aus, dass der Stil im gesamten Hotel stimmt.

Bei Entscheidungen, die in kürzester Zeit getroffen werden müssen, ist die Reduktion auf wenige Kriterien unerlässlich. Liegt in der Notaufnahme bei Herzinfarktpatienten das Alter über 63 und der systolische Blutdruck über 91, wird die Person als Hochrisikopatient eingestuft und im Notfall nicht zwingend reanimiert. Der frühere Kölner Polizeidirektor Winrich Granitzka berichtete in einem Interview über eine Geiselnahme, bei der er innerhalb kürzester Zeit zu entscheiden hatte, ob man den Täter töten sollte. Für ihn zählte dabei einzig das Kriterium, das Leben der Geiseln zu retten.

Je nach Gegenstand der Entscheidung wählen wir unterschiedliche Kriterien. Ob ich eine kleine Wohnung in der Stadt oder eine größere auf dem Land mieten will, hängt beispielsweise davon ab, wie viele Personen in der Wohnung leben, ob mir ein Garten wichtig ist, ob ich möglichst nahe beim Arbeitsort wohnen will, ob ich abends gemütliche Kneipen ums Eck wünsche oder ob ich von Kuhglocken geweckt werden will.

- Welche Entscheidungen waren schwierig, weil ich zu viele Kriterien hatte, die die einzelnen Optionen zu erfüllen hatten?
- Bei welchen Entscheiden war die Anzahl Kriterien optimal?

4.3 Informationen zu den Optionen reduzieren

Je nach Lebensbereich oder Thema informieren wir uns sehr intensiv oder nur so weit als unbedingt nötig über die verschiedenen Entscheidungsoptionen. Manche lesen fünf Kritiken, ehe sie im Kino einen Film oder im Theater ein Schauspiel besuchen, lesen seitenlange Packungsbeilagen, ehe sie ein Medikament schlucken oder vergleichen im Internet stundenlang verschiedene Rucksackmodelle, ehe sie die Bestellung abschicken.

In einer Studie verglich der Psychologe Barry Schwanz die Zufriedenheit von Menschen, die sich mit wenigen Informationen zu den verschiedenen Wahloptionen zufriedengeben, und jenen, die vor einem Kauf gründlich die einschlägigen Testmagazine und Internet-Vergleichstabellen durchforsten sowie alles Kleingedruckte in Verträgen studieren. Die Genügsamen, die sich auf wenige Informationen beschränkten, waren in der Regel hinterher mit der Entscheidung zufriedener als die Maximierer, weil eine intensive Information höhere Erwartungen weckt. Zusätzliche Informationen können zudem zum Verlust des Fokus auf die wesentlichen Entscheidungskriterien führen. In der Informationsflut sehen wir manchmal den Wald vor lauter Bäumen nicht mehr. Das hat mit dem begrenzten Arbeitsspeicher im präfrontalen Cortex unseres Hirns zu tun.

Eine Umfrage bei IKEA-Kunden vier Wochen nach dem Kauf ergab, dass das intensive Informieren über ein Produkt nur dann zufriedener machte, wenn es sich um einen einfachen Konsumartikel handelte, wie etwa Handtücher oder Papier-Servietten. Kunden, die eine gesamte Kücheneinrichtung oder eine Polstergruppe kauften und im Vorfeld des Kaufs viele Informationen gesammelt und bedacht hatten, waren weniger zufrieden als jene, die ganz spontan kauften.

In manchen Berufen ist der „Overkill" an Informationen Programm. Manche Laborgeräte liefern den Ärzten zu viele irrelevante Informationen, welche die Diagnose erschweren und eher verschlechtern. Und Manager und Geldanleger geben Analysen in Auftrag, obwohl die wichtigsten Fakten längst auf dem Tisch liegen. Zu viele Informationen können sogar nachteilig sein für eine Entscheidung. Hat die Stadt San Diego oder San Antonio mehr Einwohner? Gerd Gigerenzer stellte diese Frage Studenten der Universitäten Chicago und München. 62 % der US-amerikanischen Studenten haben auf die richtige Antwort getippt: San Diego. Von den deutschen Studentinnen tippten 100 % richtig. Der Grund: Den Deutschen sagte der Name San Diego etwas, während kaum jemand San Antonio kannte. Also tippten sie auf den bekannteren Namen. Den Amerikanern dagegen waren beide Städte ein Begriff. Sie hatten mehr Informationen und tippten darum häufiger daneben.

Eine Fülle an Information ist zudem keine Garantie dafür, dass wir in der Realität gemäß unserer Wahl handeln werden. Wir entscheiden unterschiedlich, ob wir uns theoretisch mit einer Wahlsituation befassen oder ob wir existenziell betroffen sind. Bei einer Befragung sahen alle 18 Frauen einen Monat vor der Geburt die Vermeidung von Narkose als wichtiger an als die Vermeidung von Schmerzen. Eine Frau verlangte jedoch bereits zu Beginn der Geburt die Narkose. Und im Verlauf der Geburt entschieden sich 10 der 18 Frauen für eine Narkose.

Beim Optimieren von Informationen bezüglich der Wahloptionen geht es nicht nur um die Quantität von Informationen, sondern auch und vor allem um deren Qualität. Gerade bei politischen Abstimmungen ist es wichtig, dass der Staat Informationen zu den Wahloptionen zur Verfügung stellt, die einerseits leicht verständlich sind und andererseits die langfristigen Folgen der Optionen aufzeigen.

Bezüglich des Optimierens und Reduzierens von Entscheidungsoptionen, Wahlkriterien und Informationen zu einzelnen Entscheidungsalternativen existieren zwei Extreme. Auf der einen Seite suchen *Maximizer* stets nach noch besseren Wahloptionen, während sich auf der anderen Seite *Satisficer* einen Entscheid treffen, sobald der Bauch zu einer von zwei Optionen rät. Der Hang zum Maximieren von Wahlmöglichkeiten und zum gleichzeitigen Festbeißen an Detailinformationen führt dazu, dass das Streben nach der besten aller Möglichkeiten oft der Feind des Guten ist. In Restaurants erlebe ich manchmal, dass jemand am Nachbartisch zehn Minuten braucht zur Wahl des Menus und der Getränke und die Wahl hinterher noch zweimal revidiert. Gerne halte ich mich an den Rat des früheren französischen Präsidenten Charles de Gaulle, der einmal gesagt haben soll, dass es besser sei, unvollkommene Entscheidungen zu treffen als ständig nach vollkommenen zu suchen, die es niemals geben werde.

Sogenannte *Satisficer* begnügen sich mit wenigen Optionen, Wahlkriterien und Informationen. Sie lassen nicht-gewählte Optionen rasch los und fragen sich nicht, was wohl aus der früheren Liebesbeziehung, dem Job-Angebot oder dem Urlaub am anderen Ort geworden wäre, wenn… Wir verhalten uns aber nicht immer und überall als eindeutige Maximizer oder Satisficer. Der Maximizer kann beim täglichen Kauf seines Joghurts ein genügsames Gewohnheitstier sein. Und der anspruchslose Satisficer kann zehn Minuten vor dem Regal der italienischen Weine stehen, ehe er eine Flasche in den Einkaufskorb legt.

- Welche Entscheidungen waren schwierig, weil ich zu viele oder zu wenig Informationen zu den einzelnen Optionen gesammelt hatte?
- Bei welchen Entscheidungen war die Menge an Informationen zu den einzelnen Optionen optimal?
- Bei welcher Art von Entscheidungen bin ich eher ein Maximizer – und bei welcher eher eine Satisficerin in Bezug auf die Anzahl Optionen, auf die Anzahl Kriterien oder auf die Menge an Informationen zu den einzelnen Optionen?

5

Unser Umgang mit Konsequenzen

Jeder Entscheid hat Konsequenzen. Albert Einstein soll einmal gesagt haben, dass er Uhrmacher geworden wäre, wenn er die Folgen seiner physikalischen Erkenntnisse geahnt hätte. In Entscheidungsprozessen werden die verschiedenen Optionen nicht nur bezüglich der momentanen Begeisterung, sondern der längerfristigen Folgen geprüft. Manche Konsequenzen sind klar absehbar, manche nur teilweise oder gar nicht. Darum gleichen Entscheidungen manchmal einer Black-Box und führen dazu, von der Qual der Wahl zu sprechen. Menschen mit einem hohen Sicherheitsbedürfnis und einer tiefen Risikobereitschaft gehen gerne auf Nummer sicher und entscheiden sich lieber für den Spatz in der Hand als für die Taube auf dem Dach.

Bevor ich im Alter von 43 Jahren den Jesuitenorden nach 22 Jahren verließ, befasste ich mich intensiv mit den möglichen Konsequenzen der geplanten Entscheidung: Enttäuschung vieler Weggefährten sowie Verlust von Gemeinschaft und spiritueller Beheimatung, Prestige und Privilegien, Arbeitsstelle und Wohnort, Existenzsicherung und Altersvorsorge. Wer sollte einen Priester außerhalb der Kirche beschäftigen wollen? Um mich nicht von diffusen Ängsten dominieren zu lassen, hielt ich mir die Konsequenzen so konkret wie möglich vor Augen und setzte mich mit dem Fall auseinander, dass ich langfristig keinen Job finde und zum Sozialfall würde. Interessanterweise spürte ich, dass ich im denkbar schlimmsten Fall zwar nicht mehr Urlaub im Hotel verbringen und in feinen Restaurants essen gehen, aber weiterhin Bücher lesen, Bücher schreiben, Freunde treffen und die Natur genießen könnte. Diese Vorstellung schenkte mir die innere Freiheit, die nötige Kraft und den geforderten Mut, um den Schritt zu wagen.

Manche treffen ungern Entscheide, weil deren Folgen nicht nur für sie selbst unbekannt und einschneidend wären oder sein könnten, sondern auch für weitere Personen. Angehörige müssen manchmal entscheiden, den Stecker der Herz-Lungen-Maschine aus der Buchse zu ziehen, wenn ihr Partner oder die Mutter im Koma liegt. Der deutsche Alt-Kanzler Helmut Schmidt nahm bei den RAF-Entführungen den Tod von Geiseln in Kauf, als er auf die Lösegeldforderungen nicht einging. In einem Gespräch mit Rita Fuhrer, der früheren Justizministerin des Kantons Zürich, fragte ich sie, nach welchen Kriterien sie Entscheide im Flüchtlings- und Asylbereich fälle. Sehr klar antwortete sie: *„Wo es um Einzelentscheide geht, frage ich mich, welches die Folgen wären, wenn die Entscheidung Hunderte von Menschen beträfe. Und da, ein Entscheid eine Vielzahl von Menschen betrifft, stelle ich mir die Folgen für die einzelne betroffene Person und ihre Angehörigen vor."*

Durch das Bedenken und das innere Inszenieren der Konsequenzen können wir in Entscheidungsprozessen manche Unsicherheiten und Risiken minimieren. Eine hundertprozentige Sicherheit und Garantie, dass sich die Entscheidung später wie geplant entwickeln wird, gibt es jedoch selten bis nie.

Personen, die falsche Entscheidungen oder unangenehme Folgen von Entscheidungen unbedingt vermeiden wollen, versuchen sich im Voraus möglichst stark abzusichern. Sie entscheiden sich zwar für eine Arbeitsstelle, lassen sich aber von mehreren Stellenportalen den täglichen Newsletter mit offenen Stellen weiterhin zusenden. Sie buchen zwar Urlaub, schließen aber gleichzeitig eine Annullationsversicherung ab, die eine kostenlose Absage bis zum letzten Tag garantiert. Oder sie wählen eine Studienrichtung, besuchen aber vor allem Vorlesungen, die problemlos einen Wechsel in ein anderes Fach ermöglichen.

Ich weiß nicht, ob sich Menschen eher zu viele oder zu wenig Gedanken machen über die Konsequenzen ihrer Entscheidungen. Einerseits staune ich, wie viel Zeit manche Menschen verbringen, wenn sie in einem Restaurant ein Getränk zu bestellen haben. Und andererseits verstehe ich nicht, dass es noch immer militärische Angriffe auf andere Länder gibt. Auch frage ich mich, was sich Menschen gedacht haben, als sie Kinder zeugten oder Tiere anschafften, wenn sie diese später schlagen oder vernachlässigen.

- Welche Option habe ich in einem Entscheidungsprozess nicht gewählt, weil ich deren Konsequenzen nicht hätte tragen können oder wollen?
- In welchem Bereich ist es mir sehr wichtig, die Konsequenzen eines Entscheids zu kennen? Und wo ist es mir nicht so wichtig?

6

Unser Umgang mit Nicht-Gewähltem

Bei manchen Weggabelungen möchten wir am liebsten mehrere oder alle Wege einschlagen. Eine zentrale Schwierigkeit in Entscheidungsprozessen liegt darin, dass eine Wahl *für* etwas oder *für* jemanden gleichzeitig eine Wahl *gegen* etwas oder *gegen* jemanden ist. In vielen Fällen ist die Strategie *am liebsten beides* nicht möglich. Wir können nicht unbegrenzt essen und zugleich fit sein. Wir können nicht das Zusammensein mit einer Partnerin und die Unabhängigkeit des Single-Daseins genießen. Wir können nicht eine sichere Beamtenstelle haben und zugleich die Autonomie eines Selbständigen.

Die Erfahrung, dass man nicht mehrere oder alle Entscheidungsoptionen zugleich wählen kann, findet sich in einer Aussage Jesu: *„Ihr könnt nicht Gott und dem Mammon dienen"* (Matthäus-Evangelium 6,24). Dieses Faktum hat in vielen Ländern, Kulturräumen und Sprachregionen zu bekannten Sprichwörtern geführt:

Deutschland:	*Du kannst nicht auf zwei Hochzeiten tanzen.*
England:	*You can't have your cake and eat it, too.*
Frankreich:	*Avoir le beurre et l'argent du beurre – et le baiser de la laitière.*
	Die Butter, das Geld für die Butter sowie den Kuss der Verkäuferin erhalten.
Hessen:	*Mer kann net bloose un s'Mehl im Maul halde* Man kann nicht blasen und das Mehl im Mund behalten.
Holland:	*Van twee walletjes willen eten.*
	Von zwei Ufern her essen wollen.
Iran:	*Ham az achor, ham az tubre.*
	Das Pferd kann nicht gleichzeitig aus dem Trog und aus dem umgebundenen Hafersack fressen.
	Ham choda, ham chorma, némische.
	Gott und die Dattel, das geht nicht.
Italien:	*Vuole luovo e anche la gallina.*
	Er will das Ei und das Huhn.
	Non puoi avere botte piena e moglie ubriaca.
	Du kannst nicht das volle Fass und die betrunkene Ehefrau haben.
Japan:	*Nito o oumono wa, itto u ezo.*
	Wenn du zwei Hasen jagen willst, bekommst du gar keinen.
Malta:	*Tridha hobbla u treddgha.*
	Du willst schwanger sein und das Kind stillen.
Norwegen:	*Du kan ikke få både i pose og i sekk.*
	Du kannst nicht den Rahm und die Butter haben.
Portugal:	*Não se pode querer sol na eira e água no nabal.*
	Man kann sich nicht Sonne auf dem Platz zum Getreidetrocknen wünschen und zugleich Wasser auf dem Rübenfeld.
Russland:	*Vy ne mozhete sidet' na dvukh stul'yakh, no lezhat' na pyat' stul'yev.*
	Man kann nicht auf zwei Stühlen sitzen, aber auf fünf Stühlen liegen.
Schweden:	*Du kan inte äta kakan och ha den kvar.*
	Du kannst deinen Kuchen nicht essen und gleichzeitig behalten.

6 Unser Umgang mit Nicht-Gewähltem

Schweiz	*De Füfer und s'Weggli.*
	Das 5-Cent-Stück und das Brötchen besitzen.
	Vulair baiver e tschivlar (rätoromanisch).
	Trinken und dabei noch pfeifen wollen.
Serbien:	*Ne mon̂e se imati i jare i pare.*
	Man kann nicht die Ziege und das Geld haben.
Spanien:	*No puedes repicar y andar en la procesión.*
	Du kannst nicht gleichzeitig die Glocken läuten und in der Prozession mitgehen.

Spontan könnte man meinen, dass man nicht gewählte oder nicht möglich gewesene Wahloptionen dadurch leichter loslassen und vergessen kann, indem man sie abwertet. Doch was wir verdrängen oder klein machen, nimmt umso mehr Raum in uns ein und poppt gerne in den unpassendsten Momenten wieder hoch. Eine Entscheidung erhält ihre Kraft und ihren Wert gerade dadurch, dass wir die nicht gewählten Alternativen und unmöglich gewesenen Optionen würdigen. Wenn beispielsweise kinderfreie Frauen sich abschätzig über Nur-Hausfrauen-und-Mütter äußern oder wenn katholische Priester Witze reißen über verheiratete Pantoffelhelden (und umgekehrt), steckt oft eine nicht versöhnte Beziehung mit der abgewählten oder nicht möglich gewesenen Option dahinter.

Die Würdigung einer Option, die nicht realisierbar war, erlebte ich an einem grauen Novembertag in einem Spielwarengeschäft in Zürich, wo ich Weihnachtsgeschenke für meine Patenkinder einkaufte. Im Regal neben mir bewunderte ein etwa dreijähriges Mädchen unterschiedlich gekleidete Barbie-Puppen. Ihre Mutter ermahnte sie, dass es nur eine einzige Puppe oder gar keine gäbe. Das Mädchen nahm eine Puppe in den Arm, wiegte sie, legte sie wieder zurück, nahm die nächste, bis sie fast jede Barbie im Arm gewiegt hatte. Schließlich nahm sie unter jeden Arm eine Puppe und tänzelte demonstrativ zur Kasse. Die Mutter erklärte aber nochmals bestimmt, dass nur eine oder keine, sicher aber nicht beide Barbies gekauft würden. Ich dachte, dass nun gleich ein Geschrei losgehen würde, das die Mutter vor allen Leuten erweichen sollte. Das Mädchen ging jedoch mit gesenktem Haupt mit den zwei Puppen zurück zum Regal, schaute sie abwechselnd an und legte schweren Herzens eine der beiden ins Regal. Die Mutter bezahlte die ausgewählte Puppe und die beiden gingen zum Ausgang. Bei der Türe drehte sich das Mädchen noch einmal um und schaute mit einem Blick zur zurückgelassenen Puppe zurück, als hätte sie den größten Verrat der Menschheitsgeschichte begangen. Dann riss sie sich von der Hand der Mutter los, rannte zur Puppe zurück, umarmte diese mit aller Kraft und gab ihr einen dicken Kuss, in den sie den ganzen Trennungsschmerz legte. Ich stand nur da und zückte das Taschentuch, weil meine Augen plötzlich schwitzten.

Ein eindrückliches Beispiel einer radikalen Entscheidung erzählte mir die ehemalige Nahost-Korrespondentin von Schweizer Radio, Iren Meier. Ihre Mitarbeiterin und Freundin Randa in der libanesischen Hauptstadt Beirut hatte jung geheiratet, zwei Töchter geboren und sich Anfang der 80er Jahre von ihrem Mann getrennt. Das sei ein sehr schwerer Entscheid gewesen. Denn nach der dortigen Tradition und nach libanesischem Recht hatte die Mutter keine Chance, das Sorgerecht für ihre zwei kleinen Töchter zu erhalten, nicht einmal die Möglichkeit, diese zu sehen. Sie wusste nicht einmal, wo der Vater und die neue Mutter mit den Kindern waren und ob die Töchter noch lebten. Den ersten Kontakt mit ihren Töchtern hatte sie, als diese 16 und 17 Jahre alt waren. Auf die Frage, warum sie nie verbittert sei, antwortete Randa: *"Als ich die Kinder verloren hatte, habe ich mich vor die Entscheidung gestellt: Wenn ich meine Töchter einmal wiedersehe, welcher Mutter sollen sie begegnen? Einer verbitterten, unglücklichen Frau*

6 Unser Umgang mit Nicht-Gewähltem

oder einem Menschen, der in der Zwischenzeit seinen eigenen Weg gegangen ist – im Vertrauen darauf, dass sich dieser Weg einmal, irgendeinmal, kreuzen wird mit dem der Kinder? Einer Mutter, die die Kinder achten können, verstehen und lieben? Soll ich die Kinder belasten und verwirren, indem ich sie verfolge, suche und zu mir zerren will oder soll ich sie im Wissen bewahren, dass sie meine Kinder bleiben? Ich habe mich für das zweite entschieden. Indem ich auf die physische Nähe zu den Kindern verzichtet habe, habe ich mich für sie entschieden. Ganz bewusst. Und bin meinen eigenen Weg gegangen, habe sogar acht Jahre in Europa gelebt, weit weg von ihnen. Aber ich war ihnen jede Sekunde nah. Es war sehr schwer." Inzwischen hat sie zu den Töchtern wieder eine sehr vertraute, zärtliche und liebevolle Beziehung. Und über ihre Töchter sagt sie: *„Genauso habe ich sie mir gewünscht. Als hätten sie all das bekommen, was ich ihnen in Gedanken all die Jahre geben konnte."* Die beiden jungen Frauen sind stolz auf ihre Mutter und auf ihre damalige Entscheidung.

Entscheidungen gegen geliebte Menschen sind besonders schwer. Ich verheiratete einmal eine katholische Italienerin mit einem Muslim aus dem Kosovo. Weil seine Familie strikte gegen die Hochzeit mit einer Nicht-Muslima war, entschied er sich gegen seine Familie. An der Hochzeit war niemand von seiner Verwandtschaft anwesend. Das war schmerzhaft. Von einer anderen schweren Entscheidung erzählte mir die Teilnehmerin in einem Kurs, den ich vor einigen Jahren leitete. Sie trennte sich nach 30 Jahren Ehe von ihrem Mann. Der ehemalige Manager übte mit seiner Leukämie Macht auf sie aus und machte sie zu seiner Pflegerin. Die beiden konnten als Paar nicht mehr wachsen. Als sich die Frau von ihm trennte, stieß sie in ihrem Umfeld auf Unverständnis und eine ihrer Töchter brach den Kontakt zu ihr ab.

- Bei welchen Entscheidungen zahlte ich einen hohen Preis, weil ich bestimmte Optionen nicht gewählt habe oder weil sie nicht möglich waren?
- Was hat mir geholfen, nicht gewählte Optionen versöhnt loszulassen?

7

Individuelle Entscheidungsprozesse

Dieses Kapitel thematisiert zehn verschiedene Aspekte individueller Entscheidungsprozesse. Die konkrete Umsetzung dieser Aspekte wird im Kap. 9 aufgezeigt.

Menschen denken und fühlen unterschiedlich. In der Folge treffen sie auch Entscheidungen in unterschiedlicher Weise und mit unterschiedlichen Prioritäten. Die einen kaufen ein Auto auf Grund von objektiven Zahlen und Fakten. Andere müssen die Formen, Farben und Materialien mit allen Sinnen subjektiv erspüren. Und manche kaufen auf Grund ökologischer Überlegungen überhaupt kein Auto. Die einen kochen ihre Gerichte exakt nach Rezept und messen alle Zutaten genau ab. Und andere kochen rein nach Gefühl und auf Grund ihrer Erfahrung. Die einen erklären komplexe Sachverhalte in Bildern, mit Beispielen und Geschichten, andere tun es mit Formeln und Statistiken. Die einen erkunden eine fremde Stadt mit

Google Maps oder mit einem Stadtplan, andere marschieren auf gut Glück los und lassen sich überraschen. Manche können Kleider im Katalog bestellen, andere müssen sie auf der Haut spüren und sich im Spiegel betrachten. Die einen können in praktischen und ethischen Fragen auf ihre innere Stimme, die Intuition, das Gefühl und auf körperliche Impulse vertrauen, andere entscheiden gehen rein rational vor oder holen sich professionellen Rat.

7.1 Frühere Entscheide reflektieren

Dass uns wie wir heute leben, ist die Folge zahlloser Entscheide. Wenn wir dann und wann vertieft auf unser Leben zurückblicken, stellt sich auch die Frage nach unseren getroffenen Entscheiden. Haben wir bezüglich Ausbildung und Beruf, Partnerschaft und Familie, gesellschaftlichem Engagement, Wohn- und Lebensform den richtigen Weg gewählt? Und haben wir im Leben die richtigen Türen aufgestoßen? Ich plädiere für einen gütigen Blick auf frühere Entscheide, weil wir damals über manche Erfahrungen nicht verfügten, die wir heute besitzen. Dass ungefähr jede zweite Ehe geschieden wird, bedeutet nicht, dass alle betroffenen Paare 5, 10 oder 20 Jahre zuvor eine falsche Entscheidung getroffen haben. In der Regel haben sich die beiden Partner sowie äußere Umstände seit Beginn der Partnerschaft stark verändert. Falsch wäre die Entscheidung zur Ehe nur dann gewesen, wenn der Entscheid bereits zum Zeitpunkt der Hochzeit aus fragwürdigen Motiven getroffen worden wäre. Auch im beruflichen Bereich sind frühere Entscheide nicht falsch, wenn sich die Rahmenbedingungen in der Arbeitswelt oder die Stimmung im Team völlig verändert haben. Manchmal erweisen sich getroffene Entscheide schon nach kurzer Zeit als problematisch. Während das Autofahren mit Äthanol vor 20 Jahren angesichts der schwindenden fossilen Brennstoffe als nachhaltig galt, war es schon wenig später verpönt, weil dafür Weizen angebaut werden musste in Regionen, wo Menschen an Hunger litten. Wahrscheinlich wird man die mit Solarstrom betriebenen Autos auch immer stärker als eine falsche Entwicklung kritisieren, weil die graue Energie bei der Produktion und der Entsorgung von Autos und von Lithium-Batterien sehr hoch ist.

Ein wohlwollender und zugleich kritischer Blick auf frühere Entscheidungen ist wichtig, um für aktuelle und künftige Entscheidungsprozesse Lehren zu ziehen. Das Kap. 4 zeigte auf, dass nicht nur ein gütiger Umgang mit den vermeintlich falschen oder nicht getroffenen Entscheidungen wichtig ist, sondern auch mit nicht gewählten Optionen und mit den inneren Stimmen, denen wir in Entscheidungsprozessen wenig Gehör schenkten.

Personen aus meinem Bekanntenkreis erleben ihre früheren Entscheidungen sehr unterschiedlich: *„Frühere Entscheidungen stelle ich nicht in Frage. Ich akzeptiere sie als gegeben. Sie waren in jenem Moment richtig."* (♀, 57 Jahre) *„Interessanterweise haben sich die wichtigen früheren Entscheide als gut erwiesen, auch wenn es nur daran lag, dass ich einen Lerneffekt erzielen konnte. Von vermeintlich falschen Entscheiden habe ich viel gelernt. Der wichtigste Lebensentscheid – meine Heirat – war stark von rationalen Argumenten, gesellschaftlichen Erwartungen und vermeintlichem Glauben geprägt. Ich war damals nicht frei und nicht fähig, ohne Druck von außen Entscheide zu treffen. Trotzdem kommt es mir vor, als habe ein Engel mir beigestanden, als habe er dafür gesorgt, dass ich dennoch den richtigen Entscheid traf."* (♀, 47 Jahre) *„Es war gut, dass ich nach dem Abitur ein Jahr lang als Freiwillige wirkte. Es hat meinem Leben viel gegeben. Es war gut, bis zum Schluss in Bosnien durchgehalten zu haben, obwohl es als 18-Jährige im Kriegsgebiet nicht leicht war."* (♀, 25 Jahre) *„Viele Entscheidungen* *haben sich in meinem Leben als positiv erwiesen, z. B. meine einjährige Weltreise und mehrere längere Aufenthalte im Ausland, meine Heirat und die Entscheidung für eine Familie sowie das Studium und der Schritt in die berufliche Selbständigkeit. Meine Entscheidungen hatten auch eine Art Domino-Effekt. Hätte ich in der Jugend nicht so intensiv gelebt mit Partys und Reisen, dann wäre ich vielleicht heute mit meiner Rolle als Mutter und Ehefrau nicht zufrieden."* (♀, 44 Jahre).

Wenn wir heute einen Entscheid treffen, können wir uns auf eine lange Geschichte von Entscheidungen stützen, die von mehr oder weniger Erfolg gekrönt sind. Weil unser Erfahrungswissen dauernd wächst, kann es gut sein, dass wir früher getroffene Entscheidungen heute anders fällen würden. Hinterher sind wir immer gescheiter. In Grimms Märchen *König Drosselbart* weist eine Königstochter zahllose Heiratskandidaten auf despektierliche Weise zurück. Schließlich reißt ihrem Vater der Geduldsfaden und er gibt seine Tochter dem erstbesten Bettler, worauf sie ins Trauerlied versinkt und wünscht, dass sie sich für König Drosselbart entschieden hätte.

Wenn wir den Eindruck haben, in der Vergangenheit falsch entschieden zu haben, *geschah* dies vermutlich nicht aus Dummheit, sondern aus fehlenden Informationen, mangelnder Erfahrung oder weil wir nicht genügend frei waren und die Lebensumstände keine andere Option zuließen. Die Personalchefin hätte ihrem Chef zum Geburtstag sicher nicht eine Kiste Wein geschenkt, wenn sie gewusst hätte, dass er bei den Anonymen Alkoholikern engagiert ist. Niemand hätte sich in den 70-er Jahren für den Beruf des Schriftsetzers entschieden, wenn sie gewusst hätten, dass dieser Beruf wegen des Computers schon kurz nach der Ausbildung verschwinden würde. Manche Pflegefachpersonen hätten ihren Beruf nicht gewählt, wenn sie in der Ausbildung gewusst hätten, wie sehr ihr Beruf später von Technologie und Bürokratie bestimmt sein würde. Manche Familien hätten vor 20 Jahren ihr Haus an einem anderen Ort gebaut, wenn sie gewusst hätten, dass schon bald nach dem Aufrichtfest eine Autobahn vor dem Haus geplant und die Anflugroute des nahen Flughafens geändert würde. Viele italienische Gastarbeiter in Deutschland hätten sich in der Heimat kaum ein Haus für die Zeit nach der Pensionierung gebaut, wenn sie gewusst hätten, dass sich ihre Kinder und Enkel endgültig in Deutschland niederlassen würden. Und niemand hätte sich Ende 2019 in die Selbständigkeit begeben oder eine Stelle in der Gastronomie angetreten, wenn sie vom baldigen Ausbruch des Covid-Virus und der Lockdowns gewusst hätten.

Zahlreiche Misserfolge in Wirtschaft, Politik und Militär basieren auf falschen Situationsanalysen, fehlerhaften Plänen, irrigen Aufträgen, übertriebenem Selbstvertrauen, Selbstüberschätzung oder unverantwortlicher Risikobereitschaft. Die Hirnforschung macht zwei weitgehend unbewusste Hirnprozesse für Fehlentscheide verantwortlich: die falsche Mustererkennung und die emotionale Etikettierung. Mustererkennung bedeutet, dass man die jeweilige Situation mit der Brille früherer Erfahrungen sieht, und emotionale Etikettierung heißt, dass diese Erfahrungen mit Gefühlen verknüpft werden, die die Reaktion bestimmen. Entscheidungsfehler können demnach entstehen, weil man voreingenommen ist, weil Eigeninteressen das Urteil verfälschen und/oder weil die Erfahrungen irreführend sind und nicht mehr zur neuen Situation passen.

Wir können aus falschen oder vermeintlich falschen Entscheidungen lernen, um nicht dieselben Fehler zu wiederholen. Mark Twain meinte einmal, dass gute Entscheidungen von der Erfahrung kämen, und diese wiederum kämen von schlechten Entscheidungen. Und von Kurt Tucholsky soll der Ausspruch stammen, dass Dumme immer dieselben Fehler machen, während Gescheite immer wieder neue Fehler begehen würden. Objektiv oder vermeintlich falsch getroffene Entscheidungen sind jedenfalls Teil unserer Geschichte und unserer Identität. In der kritischen Auseinandersetzung mit früheren Entscheidungen lernen wir, nicht in der Opferrolle zu verharren, können allzu ideale Selbstbilder entdecken und neue Rollenmuster einüben. Das Lernen aus früheren Entscheiden ist wichtig – unabhängig davon, ob wir sie heute als richtig oder falsch beurteilen.

Wenn wir beim Blick auf eine frühere Entscheidung realisieren, dass beispielsweise das ursprüngliche Feuer in der Liebe oder die anfängliche Motivation am Arbeitsplatz nur noch schwach glimmt, haben wir mehrere Reaktionsmöglichkeiten. Wir können uns an die Verschlechterung der Situation anpassen und innerlich emigrieren, wir können jammern und klagen, wir können das System verlassen oder wir können uns neu motivieren und die Situation zu verbessern versuchen. Manchmal brauchen wir für einen bereits vor langer Zeit eingeschlagenen Weg eine zweite Entscheidung. Diese ermöglicht den Durchbruch zu einer größeren Eindeutigkeit und Entschlossenheit in der Paarbeziehung, im Beruf, in einem Projekt oder in einer Organisation. Während die ursprüngliche Entscheidung vielleicht von starken Gefühlen und hohen Idealen bestimmt war, werden in die zweite Entscheidung auch Grenzen und Schatten, Widersprüche und Unvollkommenheiten integriert. Die zweite Entscheidung ist in der Regel reifer und nachhaltiger als die erste.

- Über welche früheren Entscheide bin ich heute noch glücklich – auch wenn sie wenig bewusst gefällt wurden?
- Welche früheren Entscheide halte ich für falsch – und warum? Falscher Zeitpunkt? Zu wenig Zeit genommen?

Zu wenig, zu viele oder falsche Optionen, Auswahlkriterien oder Informationen?
- Für welche frühere Entscheidung möchte ich mich neu und mit größerer Überzeugung entscheiden?

7.2 Leiden frühzeitig erkennen

In neun von zehn Fällen entscheiden wir uns dann zu einer Veränderung, wenn das Leiden am Status quo grösser wird als die Angst vor der Veränderung. Die meisten Menschen entscheiden sich zu Veränderungen, wenn sie ein Burnout, eine Kündigung, die Pensionierung, einen Unfall, eine Krankheit, eine Trennung oder den Tod von Angehörigen erleiden. Jugendliche entscheiden sich zum Lernen, wenn der Notendurchschnitt ungenügend wird. Ehepartner gehen in eine Therapie, wenn die Strategie des Ausweichens nicht mehr funktioniert. Und Angestellte kündigen, wenn das Mobbing zu Schlafstörungen führt.

Wenn wir künftig Entscheidungen nicht nur reaktiv in Leidenssituationen, sondern proaktiv treffen wollen, müssen wir unsere Zufriedenheit in den unterschiedlichen Lebensbereichen regelmäßig prüfen und in einem möglichst frühen Stadium entdecken. Es geht darum, feine Leiden und kleine Unstimmigkeiten zu spüren, ehe sie sich zu einem Flächenbrand entwickeln. Manche nehmen abends eine persönliche Tagesschau vor und fragen sich, was im ausklingenden Tag gut und was weniger gut gelaufen ist. Andere nehmen zum Jahresbeginn oder im Sommerurlaub eine Standortbestimmung vor. Und während man früher regelmäßig zur Beichte ging, lassen sich heute zahlreiche Menschen professionell coachen. Bei der Situations-Analyse geht es um die Frage, ob wir irgendwo eine Unzufriedenheit oder Unstimmigkeit wahrnehmen. Situationsanalysen betreffen sämtliche Lebensbereiche: unser Verhältnis zum Körper (Bewegung, Ernährung, Sexualität), unser Verhältnis zu Partner*innen, Eltern, Kindern, Geschwistern, Enkeln, Nichten und Neffen, Tanten und Onkeln, Cousins, Großeltern und Patenkindern, unsere Wohnsituation, unsere Nachbarn, die Haus- und Familienarbeit, unseren Freundeskreis, unsere Erwerbsarbeit Nebenbeschäftigungen, unser freiwilliges Engagement, unsere Vereinsaktivitäten, Aus- und Weiterbildung, unsere finanzielle Situation, unseren spirituellen Weg, Freizeitaktivitäten sowie unser Verhältnis zum Wohnort, zur Region, zum Land, zur Menschheit und zur Natur.

Die Situationsanalyse setzt einen möglichst angstfreien und ehrlichen Zugang zu unseren Gedanken und Gefühlen voraus. Vielen Menschen fällt es schwer, sich einzugestehen, dass sie unzufrieden oder unfrei sind in ihrer aktuellen Situation und dass ihre Träume, Hoffnungen, Beziehungen und Pläne nicht mehr lebendig und lebensfördernd sind. Und manche sind so sehr auf Stabilität und Sicherheit bedacht, dass sie ein Verliebtsein oder ein spannendes Job-Angebot als Bedrohung empfinden und sofort beiseiteschieben. Es ist keine Schande, wenn Menschen aus Bequemlichkeit, Existenzangst, Konfliktscheu oder Sicherheitsbedürfnis an ihrem Weg nichts ändern wollen, solange sie sich selbst nicht anlügen und sich einreden, dass alles o.k. sei.

Wenn wir in uns ein diffuses Leiden wahrnehmen und es nicht klar benennen können, ist es hilfreich, die einzelnen Lebensbereiche genauer anzuschauen. In der Regel neigen wir dazu, Veränderungen eher im äußeren Bereich herbeizuführen, statt zu prüfen, ob in unserem persönlichen Verhalten oder im Beziehungsbereich eine Wandlung ansteht. Manche Paare bauen regelmäßig etwas am Haus um und an, statt auf der partnerschaftlichen Ebene Veränderungen vorzunehmen. Ein Freund warf an seiner

Arbeitsstelle das Handtuch, weil er meinte, dadurch seine innere Abgestumpftheit lösen zu können. Andere wechseln die Wohnung, den Wohnort oder reisen mehrmals um die Welt, statt ihre Reise nach innen anzutreten.

In Beratungsgesprächen lasse ich das Gegenüber beim ersten Treffen jeweils die Baustellen in den unterschiedlichen Lebensbereichen aufzeichnen. Ansonsten redet man unter Umständen stundenlang über beruflichen Stress, ehe das Gegenüber mit stockender Stimme erwähnt, dass es ihm fast den Verstand raube, dass die 20-jährige Tochter den Weg ins Leben nicht findet oder dass der 80-jährige Vater noch immer Macht über ihn ausübt.

- Welche wichtigen Entscheide habe ich auf Grund eines zunehmenden Leidens getroffen?
- Welche wichtigen Entscheide habe ich proaktiv getroffen ohne ein Leiden am Status quo?
- In welchen Lebensbereichen spüre ich ein wachsendes Leiden und benötige eine baldige Veränderung?

7.3 Ressourcen prüfen

Wenn wir in einem bestimmten Lebensbereich ein Leiden feststellen, bedeutet dies nicht automatisch, dass wir uns schon morgen für eine Veränderung entscheiden müssen. Stimmige Entscheidungen benötigen verschiedene Ressourcen und optimale Rahmenbedingungen. Es kann sein, dass wir mitten in einem Entscheidungsprozess attraktive Optionen abwägen und feststellen müssen, dass wir nicht genügend Energie oder Zeit haben, um uns für irgendeine Option zu entscheiden. Oder es kann sein, dass wir so stark unter Druck stehen, dass das Durchführen eines Entscheidungsprozesses schlicht unmöglich ist.

Wer rational entscheiden will, muss beispielsweise wach und wohl genährt sein. Dieses Faktum nutzen Marketing-Abteilungen von Supermärkten bewusst und platzieren ihre Ladenhüter auf Augenhöhe neben der Kasse. Weil der Kunde dort ermüdet und mit einem tiefen Glykose-Spiegel ankommt, erliegt er eher einem Impulskauf. Der Neurowissenschaftler Michael Chee zeigte auf, dass uns Schlafmangel zu optimistisch stimmt in unseren Entscheidungsprozessen und dass wir offener sind für langfristige Ziele, wenn wir genügend Schlaf haben. Shai Lewinsohn und Haim Mano analysierten innerhalb eines Jahres 1100 Entscheidungen einer Bewährungskommission. Fälle, die am Morgen behandelt wurden, erhielten zu rund 70 % eine bedingte Strafaussetzung; Häftlinge, deren Ansuchen am Nachmittag bearbeitet wurden, bekamen dagegen nur in 10 % der Fälle eine Entlassung zugesprochen. Ähnliche Studien ergaben, dass das Sitzen auf einem harten Stuhl beim Aushandeln des Preises für ein Auto einen härter verhandeln lässt, und dass einen das Halten einer warmen Tasse Tee im Gespräch herzlicher stimmt als ein eisgekühlter Drink.

Das Treffen guter Entscheide hängt neben genügend Energie und Wachheit von vielen weiteren Ressourcen ab: von Gesundheit, Geld, theoretischem Wissen und praktischer Erfahrung, von Beziehungen und Netzwerken, von rationaler und emotionaler Intelligenz, von Motivation und Entschlusskraft, von Risiko- und Opferbereitschaft, von Ausdauer und Stabilität, von innerer Freiheit und Bereitschaft, von äußerer Unabhängigkeit, von Fach-, Sozial- und Führungskompetenz sowie von soziodemografischen Faktoren wie Alter, Geschlecht, soziale Klasse und Zivilstand. Entscheidungsprozesse setzen eine realistische Einschätzung unserer Stärken und Schwächen, Interessen und

Abneigungen, Chancen und Gefahren, Potenziale und Grenzen voraus.

Unsere Ressourcen spielen in lebensbestimmenden sowie in alltäglichen Entscheidungsprozessen eine Rolle. Ehe wir zum Bus rennen, werfen wir einen Blick auf die Uhr und prüfen, ob die Zeit reicht. Ehe wir mit den Lebensmitteln zur Kasse gehen, werfen wir einen Blick in den vollen Einkaufswagen und in den schmalen Geldbeutel. Ehe wir die Bergroute für den Familienurlaub festlegen, prüfen wir, ob alle die nötige Ausrüstung und Kondition besitzen. Ehe wir eine Ausbildung beginnen oder uns für eine Arbeitsstelle bewerben, prüfen wir unsere Kompetenzen sowie das monetäre und das Zeitbudget. Und wenn wir ein Haus bauen, sind neben dem Bankkredit auch viel Zeit und Nerven nötig.

Manche Zeitgenossen überschätzen ihre Ressourcen. Viele ältere Menschen wollen es nicht wahrhaben, dass sie ihr Haus und den Garten nicht mehr allein unterhalten können. Zahllose aggressive, angeheiterte oder betagte Menschen setzen sich ans Steuer ihres Autos und gefährden dadurch ihr eigenes Leben sowie das Leben anderer Menschen. Und viele überschätzen ihre Ressourcen Wissen und Erfahrung. Das Image der gutbezahlten Wirtschaftsprofessoren und Banker wurde arg ramponiert, nachdem keiner von ihnen den Finanz-Crash von 2008 voraussagen konnte.

- Von welchen Ressourcen habe ich genug für einen anspruchsvollen Entscheid?
- Von welchen Ressourcen wünschte ich mir etwas mehr zu besitzen, um anstehende Entscheide anzugehen?

7.4 Alles hat seine Zeit

Es gibt eine Zeit zum Abwägen von Entscheidungsoptionen, eine Zeit zum Fällen von Entscheidungen und eine Zeit zum entschlossenen Umsetzen von Entscheidungen. In der griechischen Antike differenzierte man zwischen dem „normalen" linearen Zeitablauf *(chronos),* den wir mit der Uhr messen, und den optimalen Zeitpunkt *(kairos)* für bestimmte Ereignisse und Prozesse. Es existiert also nicht nur für alles eine bestimmte Zeit und Zeitdauer, sondern auch ein optimaler Zeitpunkt für wichtige Ereignisse.

Bei einem bewusst gestalteten Entscheidungsprozess gibt es einen zweifachen Kairos. Es existiert ein optimaler Zeitpunkt, um den Entscheidungsprozess zu beginnen, und es gibt einen optimalen Zeitpunkt, um diesen zu beenden durch das Fällen des Entscheids. Oftmals können wir die Startzeit und die Dauer eines Entscheidungsprozesses nicht in aller Ruhe selbst bestimmen, sondern der Zeitpunkt wird von außen bestimmt. Ein Feuerwehr-Kommandant muss seinen Entscheidungsprozess jeweils sofort beginnen, wenn sich die Frage stellt, wen man in einem brennenden Haus zuerst retten soll. Acht von zehn Entscheidungen müssen Feuerwehrleute in weniger als einer Minute treffen.

Es ist ein Privileg, wenn wir die Startzeit und die Dauer eines Entscheidungsprozesses selbst bestimmen können und nicht unter Zeitdruck entscheiden müssen.

Wenn wir die innere Klarheit erlangt haben, dass in einem bestimmten Lebensbereich ein Entscheid für eine Veränderung ansteht, kann es plausible Gründe geben, den Entscheidungsprozess erst nach Tagen, Wochen, Monaten oder gar Jahren zu beginnen. Wer beispielsweise die Ausbildung mehrerer Kinder finanziert, kann seinen gut bezahlten Job nicht von heute auf morgen aufgeben und eine Ausbildung im sozialen Bereich starten. Entscheidungsprozesse sollte man aber auch nicht zu lange hinauszögern. Manche Menschen mit einem Burnout, einem Herzinfarkt oder mit Magengeschwüren berichten, dass sie an ihrer Arbeitsstelle oder in ihrer Partnerschaft bereits seit längerer Zeit unglücklich waren, aber den Signalen von Körper und Herz nicht gehorchten.

Shai Lewinsohn und Haim Mano weisen 1993 in einer Untersuchung nach, dass sich Testpersonen in freudiger Stimmung mehr Zeit für ihre Entscheidungen gönnten, mehr Informationen nutzten und für die Wahl eine aufmerksamere Strategie verwendeten als Personen, die eher schwermütig waren. Geographisch sowie psychisch-emotional sieht jemand auf dem Berg weiter als jemand in der Talsohle. Bereits Ignatius von Loyola, der Gründer des Jesuitenordens, riet vor 500 Jahren, in einer Krisensituation keine gewichtigen Entscheidungen zu treffen, sondern versuchen auszuharren, bis die innere Freiheit und Weite für einen Entscheidungsprozess wieder besteht. Auch das chinesische Weisheitsbuch *I Ching* rät, bei großen Umwälzungen keine Entscheidungen zu fällen, sondern so weit als möglich das Gewohnte zu tun. Dass diese Weisheit auch heute noch taugt, bestätigte mir eine Freundin: *„Im Allgemeinen habe ich mir angewöhnt, Entscheidungsprozesse dann anzugehen, wenn es mir gut geht, wenn ich ausgeglichen bin und wirklich bei mir sein kann. Das bin ich nicht, wenn's mir schlecht geht und ich wie ‚neben den Schuhen' stehe. Bis jetzt hat es sich immer gelohnt, auf den richtigen Zeitpunkt zu warten, auch wenn das Warten manchmal unerträglich ist."* (♀, 30 Jahre).

Jede Entscheidung muss wie der Weizen auf dem Acker reifen. So wie die Schwangerschaft bei jeder Tierart unterschiedlich lange dauert, dauert auch ein Entscheidungsprozess je nach Person und Tragweite des Entscheids längere oder kürzere Zeit. Der zeitliche Aufwand für das Abwägen von Wahloptionen steht idealerweise in einem gesunden Verhältnis zur Bedeutung der Entscheidung und deren Konsequenzen. Der Entscheid für ein Joghurt im Supermarkt sollte deutlich weniger lange dauern als für den Kauf eines Hundes. Den richtigen Zeitpunkt für den Entscheid zu treffen, gleicht der Kunst des Bogenschießens. Die japanischen Schützen spannen den Bogen, nehmen das Ziel in den Blick und atmen ein paar Mal ruhig ein und aus, ehe sie den Pfeil loslassen. Der optimale Zeitpunkt für den Entscheid ist oft da, wo weitere Überlegungen mehr Opportunitätskosten als Nutzen bringen. Es macht beispielsweise wenig Sinn, im Internet zwei Stunden lang nach der günstigsten Bus- oder Zugverbindung von Hamburg nach München zu suchen.

- Welche Entscheidungsprozesse habe ich zu früh, zu spät oder genau rechtzeitig begonnen? Und warum?
- Welche Entscheidungsprozesse haben meiner Meinung nach zu lange oder zu wenig lange gedauert oder erhielten genau die richtige Zeitdauer? Und warum?
- Woran spürte ich jeweils, dass eine Entscheidung reif war?
- Worauf werde ich in Zukunft bei Entscheidungsprozessen bezüglich des Beginns und der Dauer des Unterscheidens achten?

7.5 Das Ziel ist das Ziel

Am Morgen des 20. April 1961 fand der US-amerikanische Vizepräsident Lyndon B. Johnson eine Notiz ohne Anrede und Unterschrift von seinem Chef John F. Kennedy auf dem Schreibtisch. Der Präsident wünschte sich so rasch wie möglich eine Mission zum Mond. Und nur fünf Tage später verkündete Kennedy öffentlich, dass die

USA es schaffen würden, vor Ende des Jahrzehnts einen Menschen auf dem Mond landen zu lassen und ihn sicher zur Erde zurückzubringen.

Nicht alle Menschen haben so hehre und klare Ziele wie Kennedy. Manche haben grundsätzlich Mühe, Ziele zu setzen. Das Setzen von Zielen ist wichtig, um unserem Leben einen Fokus zu geben, selbst wenn unsere Pläne immer wieder durchkreuzt werden. In Extremsituationen ist es sogar überlebenswichtig, ein Ziel vor Augen zu haben. Zeugnisse von KZ-Überlebenden berichten, dass jene Gefangenen am ehesten überlebten, die innerhalb des wahnsinnigen Systems kleine persönliche Ziele setzen konnten: etwa Gedichte zu schreiben, Blumen vor der Baracke zu pflegen oder die Verwandten wiederzusehen. Der Film „La vita e bella" von Roberto Benigni zeigte dies mit der Wette zwischen Vater und Sohn auf. Der Sohn sollte einen Panzer gewinnen, wenn er möglichst viele Punkte im Lager sammeln würde. Es ist ebenfalls erwiesen, dass Patienten schneller genesen, wenn sie aktiv formulieren können, wofür sie geheilt werden wollen und was sie mit ihrer Gesundheit fortan anfangen werden.

In Entscheidungsprozessen bildet das Ziel das zentrale Kriterium, an dem wir die unterschiedlichen Wahloptionen messen. Schon der römische Philosoph und Politiker Seneca schrieb vor 2000 Jahren, dass kein Wind günstig sei, wenn man nicht wisse, welchen Hafen man ansteuern wolle. Wenn unser Ziel darin besteht, ökologisch zu handeln, dann hat dies auch eine Auswirkung auf kleine alltägliche Entscheidungen beim Einkaufen, Essen oder Reisen. Sowohl die Wahl langfristiger Ziele als auch das Setzen kurzfristiger Ziele lässt sich gut begründen. Langfristige Ziele haben den Vorteil, dass sie unserem Leben einen Fokus geben und wir nicht so rasch neue Ziele setzen müssen. Kurzfristigere Ziele haben den Vorteil, dass wir sie eher erreichen und öfter Erfolgserlebnisse feiern können. Für viele Menschen sind hehre Lebensziele wie Weltfrieden, gerechte Wirtschaftsordnung oder Klimarettung zu hoch gegriffen, während andere ein weit gestecktes Ziel vorziehen, auch wenn sie genau wissen, dass das Ziel nicht erfüllt sein wird, wenn einst der Sargdeckel über ihnen zugeht. Wer langfristige Ziele setzt, hält sich an Hermann Hesse, der einmal schrieb, dass das Unmögliche denken und versuchen müsse, damit das Mögliche entstehen könne.

Wie finden wir unser Lebensziel, an dem wir unsere großen oder kleinen Entscheidungen im Alltag ausrichten können? An welchem Leuchtturm richten wir unsere Gedanken und Handlungen, Pläne und Projekte aus? Früher war das Lebensziel gesellschaftlich vorgegeben. Der Katechismus der Katholischen Kirche lehrt, dass der Mensch erschaffen worden sei, um Gott zu dienen, ihn zu lieben und ihm die ganze Schöpfung darzubringen. Auch für Ignatius von Loyola war vor 500 Jahren klar, dass das Ziel des Lebens darin bestehe, Gott zu ehren und zu dienen und so das eigene Heil zu erlangen. Darum stellte er dieses Ziel gleich an den Anfang seiner *Geistlichen Übungen.* Heute leben wir in einer säkularen und pluralistischen Gesellschaft und können unsere Ziele frei wählen. Ziele können grundsätzlich wertfrei sein und unabhängig von ethisch-moralischen Normen definiert werden. Es ist jeder und jedem unbenommen, das Lebensziel darin zu sehen, die seltensten Briefmarken oder Pelzmäntel zu besitzen. In der Regel orientiert sich unser Lebensziel jedoch an ethischen Werten.

Um ein möglichst wert- und sinnvolles Lebensziel zu finden, kommen wir nicht darum herum, uns mit unserer Endlichkeit und Sterblichkeit zu befassen. *„Ein Mensch, der nicht das Ende einer provisorischen Daseinsform abzusehen imstande ist, vermag auch nicht auf ein Ziel hin zu leben",* schrieb Viktor Frankl in seinem Buch *Trotzdem Ja zum Leben sagen.* Die Konfrontation mit unserer limitierten Lebenszeit fällt den meisten schwer. Viele Menschen haben ihre „letzten Dinge" nicht geregelt. Sollen wir unsere Organe nach dem Tod spenden, obwohl immer mehr Forscher den Hirntod als definitiven Todeszeitpunkt infrage stellen? Sollen wir eine Patientenverfügung verfassen, obwohl wir den späteren Krankheitsverlauf nicht kennen? Entscheidungsfreudigen Personen ist es in der Regel wichtig, dass sie das Testament, die Patientenverfügung, die Organspende, die Todesanzeige, die Abschiedsfeier und die Bestattungsart zumindest in groben Zügen zu Lebzeiten formulieren können. Der Blick auf unsere Vergänglichkeit ist hilfreich, um unser Lebensziel zu finden und zu formulieren. In den Kursen zur Standortbestimmung, die ich regelmäßig leite, stelle ich den Teilnehmenden jeweils die Frage, was sie dereinst an ihrer Beerdigung hören möchten zur Frage, worauf hin sie gelebt haben.

Ich gehöre zur Sorte Mensch, die große und weite Ziele formuliert. Und ich kann gut mit dem Faktum leben, dass meine Ziele nie erreicht werden – zumindest nicht während meiner Lebenszeit. Mein Ziel ist es, Teil einer Menschheit zu sein, die keine Waffen mehr produziert und den künftigen Generationen einen Planeten hinterlässt, auf dem alle Lebewesen sich frei entfalten dürfen.

- Wann würde ich mein Leben als geglückt bezeichnen?
- Wie lautet mein Ziel für die nächsten 2–3 Jahre?
- Wie lautet mein Lebensziel?

7.6 Wert hat, was Wert bekommt

Die Begriffe „Ziel" und „Wert" werden oft synonym verwendet, weil wir in der Regel Ziele ansteuern oder erstreben, die uns wertvoll erscheinen. Mir hilft zur

Unterscheidung ein simples Bild. Der Berggipfel bildet auf meiner Wanderung das erstrebte Ziel. Die Werte entsprechen dem Proviant im Rucksack und schenken mir die nötige Energie zur Erreichung des Ziels.

Mein Freund Christof musste vor über zwanzig Jahren innert zwei Minuten entscheiden, ob er seinen größten Bubentraum erfüllen oder über Bord werfen soll. Er weilte mit einer Gruppe im Tibet und akklimatisierte sich auf über 5000 m Höhe, um einen Achttausender zu besteigen. Für dieses Ziel investierte er ein halbes Jahr Urlaub und über 10.000 €. Beim Aufstieg zum Gipfel sahen sie auf über 7000 m Höhe einen Chinesen röchelnd und allein am Boden liegen. Die Gruppe stapfte unbeirrt weiter zum Gipfel. Christof erlebte ein emotionales Erdbeben und entschied sich, zusammen mit einem zweiten Kameraden auf das Erklimmen des Gipfels zu verzichten den halbtoten Mann, bei dem sie ein Lungenödem vermuteten, auf einem improvisierten Schlitten durch den Tiefschnee zur Hütte hinunterzuziehen. Der Entscheid führte später zu einem heftigen Streit in der Gruppe und zur definitiven Trennung ihrer Freundschaft. Christofs Wertesystem wurde durch diese Erfahrung sehr geschärft: *„Die oft gehörte Aussage, oberhalb von 7000 m würden andere Gesetze herrschen, stimmt nicht. Als Individuum habe ich immer die Möglichkeit zur eigenen Entscheidung. Dabei ist das unmittelbare Resultat meiner Entscheidung nicht einmal so wichtig. Ich kann nicht mal sagen, ob ich den Chinesen tatsächlich gerettet habe. Er hätte vielleicht auch überlebt, wenn ich mich für den Gipfel entschieden hätte. Und vielleicht ist er ja später dennoch gestorben. Ich konnte in jenem Moment nicht anders."*

Entscheidungen zu treffen ist darum anspruchsvoll, weil sich in der Regel verschiedene wertvolle Optionen konkurrenzieren. Die Wahl für die eine wertvolle Option bedeutet in der Folge immer eine Entscheidung gegen

7 Individuelle Entscheidungsprozesse

andere wert- und sinnvolle Alternativen. Entscheidungen konfrontieren uns jeweils mit der Frage, welchen Preis wir für unsere Werte zu bezahlen bereit sind.

Bis in die Neuzeit vertraten Philosophen und Theologen die These, dass es absolute und für alle einsehbare Werte gebe, die man mit unserer Vernunft in der Natur erkennen könne. Seit 400 Jahren dominiert jedoch die Überzeugung, dass wir individuell und als Gesellschaften Werte festlegen und den Dingen ihren Wert verleihen. In manchen Kulturen isst man beispielsweise Hunde und Katzen, in anderen ist es verpönt oder gar verboten. In manchen Familienstrukturen tötet man im Namen der Ehre, in anderen hilft man den Ärmsten, um zur Gruppe zu gehören. Manche Menschen geben ihre Nebeneinkünfte bei der Steuerbehörde an oder verzichten auf Doping bei sportlichen Wettkämpfen, weil es vom Gesetz so vorgeschrieben wird, aber nicht zwingend aus ethischer Überzeugung.

Unsere Wertemaßstäbe bilden wir im Verlauf des Lebens auf Grund unserer Herkunftsfamilie und Erziehung, Ausbildung und des beruflichen Umfelds sowie unter dem Einfluss von Partnerinnen und Freunden, Medien, Recht, Gesellschaft und Religion. Werte sind in unserer pluralistischen Gesellschaft nicht so leicht einteilbar in eindeutig gut und schlecht, lieb und böse, schwarz und weiß.

Nicht alle Menschen empfinden die gleichen Werte als wertvoll. Oftmals sprechen sich sogar einzelne Menschen, Gruppen, Parteien oder Kulturen gegenseitig ihre Werte ab. Darum ist es wichtig zu akzeptieren, dass in jeder Gruppe und Gesellschaft verschiedene Wertesysteme nebeneinander existieren. Dieter Hermann unterscheidet in seinem Buch *Posttraditionale Werte* idealistische, materialistische und traditionelle Werte. Manche Menschen definieren lediglich die idealistischen Werte wie Frieden und Gerechtigkeit, Liebe und Freundschaft, Solidarität und Toleranz als Werte. Materielle Werte wie Wohlstand, Erfolg, Schönheit, Genuss oder Mobilität disqualifizieren sie als hedonistische Pseudowerte. Und traditionelle Werte wie Pünktlichkeit, Patriotismus und Pflichtgefühl, Gesetzestreue und Sauberkeit bezeichnen sie als gutbürgerliche Sekundärtugenden. Andere Menschen und Gruppen taxieren dafür Menschen mit idealistischen Wertehaltungen als Träumer und Utopisten.

Je älter ich werde, umso wichtiger wird mir bei Entscheidungen Werte wie Sinn und Freiheit, Liebe und Beziehung. Lebendigkeit und Freude. Und mit Blick auf die Menschheit und die Natur werden mir Werte wie Einheit und Ganzheit immer wichtiger. Diese Werte hängen zutiefst mit dem Phänomen Entscheidung zusammen. Das deutsche Wort *entscheiden* besteht aus der Vorsilbe *ent-* und dem Verb *scheiden*. Das Wort *scheiden* verwenden wir normalerweise im Sinn von trennen. Darum bedeutet *entscheiden* genaugenommen, dass wir bisher getrennte Dinge in Beziehung miteinander bringen und sie zu einer neuen und größeren Einheit führen.

- Welche fünf Werte gelten für mich absolut und sind nicht unverhandelbar?
- Was wäre schrecklich, wenn es kaputt ginge oder wenn ich es verlieren würde?
- Für welche drei Werte engagiere ich mich heute konkret im privaten, beruflichen oder gesellschaftlichen Bereich?
- Welche Werte würde ich so verteidigen, dass ich meine Arbeitsstelle opfern und ins Gefängnis gehen würde?

7.7 Ein Orchester mit vielen Stimmen

Wenn ich im Hochsommer an einer Eisdiele vorbeispaziere, fliegen in mir die Pro- und Contra-Argumente von Kopf, Bauch und Herz wie Ping-Pong-Bälle hin und her.

7 Individuelle Entscheidungsprozesse

Der Kopf sagt: *„Der Genuss ist von kurzer Dauer, im Eis steckt nur Zucker, Fett und Chemie. Es schadet der Gesundheit, macht dick und ist den Preis nicht wert."* Der Bauch sagt: *„So was Feines und Kühlendes ist großartig."* Und das Herz sagt: *„Eis essen erinnert mich an Sonnenuntergänge mit meiner Liebsten. Ich kaufe mir eins. Man gönnt sich ja sonst nichts im Leben."*

In Entscheidungsprozessen melden sich in uns unterschiedliche Stimmen. Im optimalen Fall spielen sie zusammen eine Sinfonie, im weniger idealen Fall ertönt eine Kakofonie. Unser inneres Orchester vergleiche ich gerne mit einem klassischen Musik-Orchester, in dem von der Geige und der Oboe bis zum Kontrabass und der Tuba unterschiedlichste Töne erklingen. In unserem inneren Orchester dominieren, beeinflussen, treiben und hemmen, fördern und bremsen, motivieren oder torpedieren zahlreiche innere und äußere, bewusste und unbewusste Stimmen unsere Entscheidungsprozesse. Die Stimmen lassen sich mehr oder weniger in zwei Gruppen einteilen: Stimmen, die Stabilität, Konstanz und Sicherheit wünschen, und Stimmen, die Veränderung und Entwicklung wollen. Manche innere und äußere Hemmer ziehen uns in Richtung Stabilität, während uns innere und äußere Treber in Richtung Veränderung stoßen. Wichtig ist, dass wir die Hemmer und Treiber in uns immer besser kennenlernen, ihnen Namen geben und sie so dirigieren, dass die dominanten Stimmen nicht immer solo spielen, sondern dass wir ihren Gegenstimmen Raum geben.

Das Schema (Abb. 7.1) stellt unsere inneren und äußeren Treiber und Hemmer stark vereinfacht dar.

In Entscheidungssituationen melden sich in unserem inneren Orchester nicht selten ganze Legionen von Ängsten. Die einen Stimmen drücken unsere Angst aus, zu wenig perfekt zu sein und den Anforderungen und Erwartungen nicht zu genügen. Andere Stimmen repräsentieren

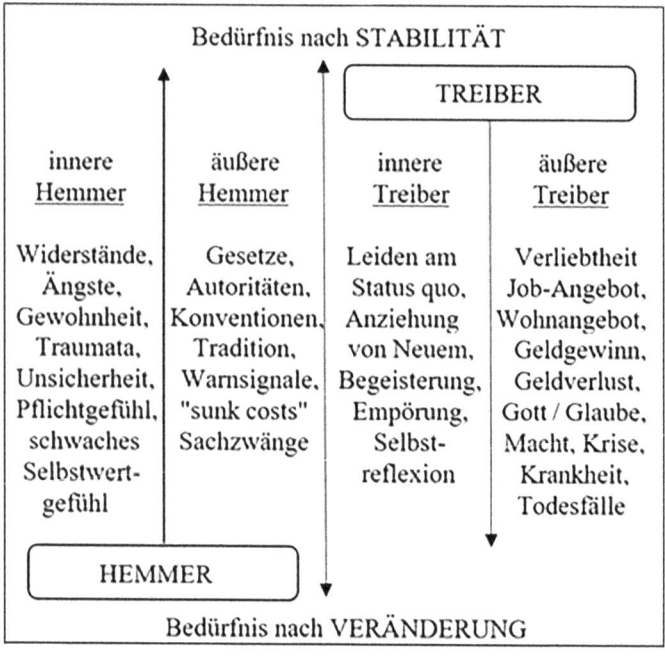

Abb. 7.1 Innere und äußere Treiber und Hemmer dienen unseren ambivalenten Bedürfnissen nach Stabilität und Veränderung. (Lukas Niederberger 2024 ©)

unsere Angst, allzu perfekt zu sein und dadurch andere zu verunsichern. Manche Menschen haben Angst vor der Meinung und dem Gerede von Nachbarn und Arbeitskollegen, andere fürchten sich davor, nicht beachtet zu werden. Die einen haben Angst vor Versagen, die anderen vor zu viel Erfolg. Die einen fürchten sich vor dem Alleinsein, die anderen vor Nähe und Beziehung. Die einen haben Angst vor dem Stillstand, andere vor zu viel Wandel und Veränderung. Die einen fürchten sich vor dem Leben, andere vor dem Sterben und dem Tod.

In manchen Entscheidungsprozessen dominieren in uns die Stimmen der Gefallsucht, der Sehnsucht nach Zugehörigkeit und der Angst vor Liebesverlust. Manche Jugendliche tragen bestimmte Hosen, Schuhe oder Frisuren, um in ihren Peergroups akzeptiert zu sein. Und Erwachsene wagen es nicht, Bitten abzuschlagen, Grenzen zu setzen und Nein zu sagen, weil sie bereits in der frühen Kindheit für ein Ja honoriert oder für ein Nein sanktioniert wurden.

Menschen, die ungern Verantwortung für eigene Entscheide übernehmen, lassen sich in Entscheidungsprozessen gerne von Pflichtgefühl und Paragrafengehorsam leiten. Nicht selten hören oder lesen wir aus Amtsstuben Sätze wie *„wir müssen uns leider an die Regeln halten"* oder *„es ist uns leider von Gesetzes wegen nicht erlaubt, dass… "*.

Ein raffinierter Treiber ist unser bereits investierter Einsatz von Ressourcen. Je mehr Geld, Zeit, Energie, Know-how, Herzblut und emotionale Bindung wir für eine Sache, ein Projekt oder eine Beziehung aufgewendet haben, umso schwerer fällt es uns, diese aufzugeben. Je länger wir beispielsweise auf den Bus warten, umso weniger wahrscheinlich brechen wir das Warten ab und nehmen ein Taxi. In der Psychologie spricht man von der Concorde-Falle, weil die Franzosen Milliarden in das moderne Flugzeug steckten und erst stoppten, als das Flugzeug auf dem Jungfernflug mit 113 Personen an Bord abstürzte. Im Management spricht man von „sunk costs".

- Welches sind die lautesten inneren Stimmen, die mich in Entscheidungssituationen antreiben oder bremsen?
- Welche Gegenstimmen aktiviere ich, wenn sich in Entscheidungsprozessen meine dominanten Treiber und Hemmer melden?
- Wann und wie habe ich in Entscheidungsprozessen meine innere Dirigentin wahrgenommen?

7.8 Guter Rat muss nicht teuer sein

Um stimmig zu entscheiden, ist nicht nur das Dirigieren unserer inneren Stimmen nötig, sondern auch das weise Integrieren von Meinungen, Erfahrungen und Ratschlägen anderer Menschen. Eine 50-jährige Freundin schrieb: *„Eine wunderbare Hilfe bei Entscheidungen ist es für mich, wenn ich die Situation mit unterschiedlichen Menschen, die mich kennen, besprechen kann: mit meiner Familie, mit meinem Freund, mit Freundinnen und Außenstehenden. Eine Freundin hat mir in entscheidenden Situationen mehrmals geholfen, mich in einem wahrhaftigeren Licht zu sehen. So fiel mir die Entscheidung leichter."* Meistens sind es Freunde und Verwandte, die uns in Entscheidungssituationen begleiten, beraten, unterstützen und ermutigen. Freunde warnen uns, wenn wir uns in unseren Entscheidungsprozessen zu einseitig vom Kopf steuern lassen oder wenn wir gewisse Konsequenzen ausklammern, uns von Ängsten dominieren lassen oder wenn wir innerlich unfrei sind. Gleichzeitig haben nahestehende Personen, wie es der Name schon ausdrückt, nicht immer die nötige Distanz. Oftmals bitten wir Freunde oder Verwandte um Rat, die derselben Filterblase angehören und uns nicht konfrontieren wollen oder können mit unseren Schattenseiten, sondern unsere Gedanken, Ideen und Pläne bestätigen. Zudem besitzen nicht alle Freunde die Begabung, von ihren eigenen Interessen zu abstrahieren und sich empathisch in unsere Person und Situation hineinzuversetzen. Manchmal wünschen Freunde wohlwollend, aber wenig hilfreich, dass wir genau so bleiben mögen wie wir sind. Eine Entscheidungs-Begleiterin sollte uns möglichst wenig beeinflussen, sondern uns zu den wichtigen und richtigen Fragen führen. Wenn wir in wichtigen und komplexen Entscheidungsprozessen eine Unterstützung mit professioneller Distanz suchen, können Coaches, Seelsorger*innen und Psycholog*innen sehr hilfreich sein.

- Welche Art von Rat und Unterstützung Hilfe habe in Entscheidungssituationen bisher hilfreich empfunden?
- Welche Formen von Hilfe könnte ich mir in Zukunft vorstellen?

7.9 Entscheidungs-Methoden

Dieses Buch bietet keine fertigen Entscheidungsrezepte an. In diesem Kapitel werden jedoch einige Methoden aufgeführt, die man allein oder zusammen mit anderen ausprobieren kann.

Walt Disney-Test
Vom Trickfilm-Pionier Walt Disney stammt die Methode der drei Stühle, die man im Wohnzimmer platziert. Der erste Stuhl vertritt den Visions-Typ in mir, der zweite Stuhl die rationale Realistin in mir, und der dritte Stuhl steht für den kritischen Gegenspieler in mir. Ich ordne die drei Stühle im Raum an und lege neben jeden Stuhl Papier und Schreibstift. Der Reihe nach setze ich mich während je zehn Minuten auf einen der drei Stühle und gebe mich den Gedanken, Gefühlen und inneren Bildern dieser Rollen hin. Auf dem dritten Stuhl notiere ich alles, was gegen die Träume der Person vom ersten Stuhl und gegen die Pläne der Person vom zweiten Stuhl spricht. Vielleicht erhalte ich bereits bei der Lektüre meiner Notizen Klarheit in meinem Entscheidungsprozess. Ansonsten notiere ich mein Lebensziel und meine wichtigsten Werte auf ein Blatt Papier und ordne meine Notizen diesen zu.

Meine Teil-Ichs
In der folgenden Übung wähle ich in Anlehnung an die Jung'sche Psychologie und die Transaktionsanalyse fünf Menschentypen, die verschiedenen Entwicklungsstufen in mir entsprechen. Ich lege 5 verschieden farbige A4-Blätter vor mir auf den Tisch. Auf das erste Blatt schreibe ich „Kind". Dieses steht für meine Neugier, Bedürftigkeit, Offenheit, Verträumtheit und Schutzbedürftigkeit. Auf das zweite Blatt schreibe ich „Jugendlicher" bzw. „Jugendliche". Dieser Archetyp steht für meinen Drang nach Taten und Anerkennung, für verantwortungsfreie Fantasie, Unsicherheit und Wechselhaftigkeit. Auf das dritte Blatt schreibe ich „Frau" bzw. „Mann". Diese entsprechen dem energiegeladenen und erotischen Teil in mir. Das vierte Blatt trägt den Titel „Mutter" bzw. „Vater" und repräsentiert die vernünftige, verantwortungs- und pflichtbewusste, planerische, integrierende, besorgte und strukturgebende Seite in mir. Und auf das letzte Blatt schreibe ich „Weise" bzw. „Weiser". Diese stehen für die reflektierende und spirituelle Seite in mir. Dann lege ich die Blätter in Kreisform auf den Boden und stehe in Stille je fünf Minuten auf jedes Blatt und spüre dabei meinen Gedanken und Gefühlen in Bezug auf meine Entscheidungssituation nach. Ehe ich mich jeweils von einem der Blätter entferne, notiere ich auf der Rückseite in Stichwörtern die Gedanken und Gefühle, die mir in den fünf Minuten kamen. Dann streiche ich mit beiden Händen die Rolle von meinem Körper ab und stelle mich auf das nächste Blatt Papier. Nach dem Erspüren meiner fünf Anteile versuche ich herauszufinden, welche Seiten meines Ichs im aktuellen Entscheidungsprozess bestimmend sein sollen. Vielleicht ist es das Kind-Ich, wenn es um die Gestaltung eines Abends oder eines Weekends geht. Der Jugendliche in mir ist eher bestimmend, wenn ich an ein neues Arbeitsprojekt herangehe. Im Beziehungsbereich ist es wohl das Frau-

bzw. Mann-Ich, das in einer Entscheidung dominiert. Vermutlich ist es das Mutter- bzw. Vater-Ich, wenn es um verantwortungsvolle Aufgaben geht. Und das Weisen-Ich in mir bestimmt idealerweise meine ethisch-moralischen Fragen.

Die Tun-als-ob-Methode
Weil wir im Voraus nicht mit absoluter Sicherheit wissen, ob wir uns im Job x oder y, mit der Partnerin A oder B, am Wohnort 1 oder 2 wohler fühlen, kann die Imagination der verschiedenen Optionen sehr hilfreich sein. Die folgende Methode gleicht dem Training des Piloten im Flugsimulator, wo dieser seine Entscheidung in einer Notlage bis zum Ende durchspielt. Auf diese Weise werden sowohl der Verstand als auch das emotionale Erfahrungsgedächtnis und Körpersignale zugelassen und ernst genommen. Die folgende Übung findet sich bereits 1523 in den *Geistlichen Übungen* von Ignatius von Loyola. Wenn es sich um einen relevanten Lebensentscheid handelt, ist es ratsam, sich eine Woche zurückzuziehen, in der Natur zu bewegen und professionell begleiten zu lassen.

Wenn ich meine zwei oder drei wertvollsten Optionen bezüglich der anstehenden Entscheidung klar und positiv formuliert habe, trage ich die Variante A drei bis vier Tage lang in mir herum und tue so, als hätte ich mich bereits für diese Variante entschieden. Durch die *Tun-als-ob-Methode* vermeide ich das energieraubende, ineffiziente Ping-Pong-Spiel im Kopf, wo ich mich alle 5 min frage, wie es wohl wäre, wenn ich doch die andere Option wählen würde. In diesen Tagen achte ich auf all meine positiven und negativen Gedanken und Gefühle, inneren Stimmen und Regungen in Kopf, Herz und Bauch und notiere diese auf ein Blatt oder in ein Heft. Es gilt auch auf nächtliche Träume zu achten. Träume zeigen uns wie Kinder Wahrheiten auf, die wir mit dem Verstand nicht wahrnehmen und verstehen. In diesen Tagen des Abwägens lasse ich auch die möglichen Konsequenzen und Szenarien in einem, fünf und zehn Jahren innerlich in Bildern ablaufen lassen. In diesen Tagen nehme ich meinen Körper, meine Gefühle und feine Signale von innen und außen wahr. Etwas kann mir im Nacken sitzen, es kann mir etwas an die Nieren gehen, im Kreuz oder im Rücken kann es mich schmerzen, etwas kann mir sauer im Magen aufliegen, den Appetit rauben oder den Schlaf rauben. Im Bauch kann ich einen Knoten spüren oder Atemnot bekommen. In den *Tun-als-ob-Tagen* ist auch das Achten auf kleine Koinzidenzen im Alltag wichtig. Es kann mich eine bestimmte Melodie oder ein bestimmtes Wort verfolgen. Nicht selten geschieht es, dass man in diesen Tagen durch die Gegend schlendert und plötzlich einen Werbespruch auf einem Plakat entdeckt, der einen wie ein Pfeil in der Seele trifft und uns das Gefühl vermittelt, er wäre speziell für uns kreiert und gedruckt worden. Oder ich sitze im Zug, Bus oder Restaurant und nebenan reden zwei Personen genau über mein Entscheidungsthema. Oder ich schlage im Wartezimmer vom Zahnarzt eine Zeitschrift auf uns stoße auf ein Horoskop oder einen Zeitschriftenartikel, der präzise meine Situation beschreibt. Oder ich schlage in der Buchhandlung ein Buch irgendwo auf und stoße genau auf ein paar Zeilen, die mir die lang ersehnte Antwort auf eine brennende Frage schenkt. Und vielleicht ereignet sich wie bei einer Freundin ein Vorfall, bei dem ihr plötzlich Schuppen von den Augen fielen: *„Meine bisher schwierigste Entscheidung war vor drei Jahren, als ich mich fragte, ob ich mich von meinem Mann trennen sollte oder nicht. Ich habe damals einige Wochen lang auf ein Zeichen gewartet. Es kam in Form eines Telefonanrufs. Mein Mann teilte mir mit, dass er beruflich sehr beansprucht sei und darum keine Zeit fände, um seine Schwester beim Pflegen der an Alzheimer erkrankten Mutter zu entlasten oder für diese einen Pflegeplatz* *zu suchen. Für mich wurde plötzlich klar, dass auch ich vergebens auf seine Unterstützung warten würde, wenn es mir künftig schlecht ginge. Plötzlich stand für mich die Trennung fest."*

Nach den 3–4 Tagen des Testlaufs mit der Variante A lasse ich diese los und lebe während weiteren 3–4 Tagen so, als hätte ich mich ganz für die Option B entschieden. Später führe ich dieselbe Übung mit der Option C durch, falls es eine solche gibt. Am Ende werte ich die mehrtägige Übung aus. Vielleicht besitze ich bereits völlige Klarheit, vielleicht muss ich die Notizen nochmals durchgehen und prüfen, welche Option am meisten meinen Zielen und Werten entspricht.

Heptalemma

In Entscheidungsprozessen stößt man mit dem klassischen Auflisten von Pro- und Contra-Argumenten rasch an Grenzen. Wenn wir offen sein wollen für kreative neue und unkonventionelle Optionen und prüfen wollen, ob wir eine Veränderung tatsächlich im richtigen Lebensbereich suchen, kann die Methode des *Heptalemma* (*hepta* bedeutet griechisch *sieben*) weiterhelfen. Bei dieser Übung sitzen sieben Personen im Kreis und nehmen in einer 20-minütigen Diskussion unterschiedliche Positionen ein, die normalerweise in unseren Köpfen miteinander ringen:

1. **Person:** Ich muss jetzt entscheiden.
2. **Person:** Ich wähle die Alternative A.
3. **Person:** Ich wähle die Alternative B.
4. **Person:** Ich vereine A und B.
5. **Person:** Ich wähle weder A noch B.
6. **Person:** Die Entscheidung liegt auf einer anderen Ebene.
7. **Person**: Ich kann und will überhaupt nicht entscheiden.

Zuerst verteilt die Person, die ihre Entscheidungssituation geschildert hat, die sieben Rollen. Dann präsentiert jede Person ihre Position, ehe die eigentliche Debatte startet. Wenn die Entscheidungssituation beispielsweise lautet: A = Miete einer kleinen Wohnung in der Stadt, B = Miete einer größeren Wohnung auf dem Land, so kann die 5. Person beispielsweise für eine mittelgroße Wohnung am Stadtrand plädieren. Die 6. Person hingegen findet, es gehe überhaupt nicht um einen Wohnortwechsel, sondern es stehe eine Veränderung auf der Beziehungsebene, im Beruf oder auf dem inneren Weg an. Am Ende wird die Entscheiderin gefragt, ob die Diskussion ihrem inneren Ringen entsprach, ob sie neue Wahlalternativen erkannt habe und wie nun die Wahloptionen genau lauten würden.

Imaginationen
Bei den folgenden Imaginationsübungen setze ich mich jeweils entspannt auf einen Stuhl, atme einige Mal tief ein und aus, stelle mir im Bereich Bauch und Brust einen leeren Raum in mir vor und atme in diesen hinein. Dann stelle ich mir in diesem Raum eine helle Fläche vor, sei es eine Kinoleinwand oder einen Bildschirm. Darauf lasse ich gemäß den folgenden Übungen ein Bild entstehen, ohne es mit meinem Willen zu steuern. Ich atme ruhig ein und aus, ohne etwas Bestimmtes zu wollen. Vielleicht erscheint ein Bild, das überhaupt keinen Sinn macht. Vielleicht auch ein Ton, ein Klang oder ein Wort. Ohne zu werten, betrachte ich das Bild und spüre nach, wie es sich im Herz anfühlt. Wenn ich es etwa 2–3 min betrachtet und auf mich habe wirken lassen, wische ich das Bild wieder aus, bis die helle Fläche zu sehen ist. In diese atme ich bewusst hinein, ehe ich sie auch wieder loslasse und den leeren Raum wahrnehme. Mit jedem Ausatmen gelangt meine Konzentration vom inneren Raum wieder hinaus und ich

nehme den äußeren Raum wahr, in dem ich mich befinde. Ich atme noch 3–4-mal bewusst ein und aus, öffne die Augen wieder und beende die Übung. Nach der Übung oder auch Stunden später kann ich mir Notizen über das Bild machen und mich fragen, ob und welche Bedeutung das Bild für mich und meinen Weg haben könnte.

- Ich lasse mir ein Bild von der Welt schenken. Ich nehme wie ein Astronaut die Welt von weit weg als kleine blaue Perle im Universum wahr. Dann zoome ich den Planeten an mich heran und lasse mir ein Bild von der Erde schenken. Dieses Bild oder Wort betrachte ich einige Minuten lang und lasse es auf mich wirken. Dann lasse ich das Bild wieder los und frage ich mich, was es mir sagen will bezüglich meiner Ziele und meiner Entscheidung.
- Ich lasse mir ein unzensiertes Bild schenken von heute in 10 Jahren. Ich kann innerlich meinen Namen und mein Alter in 10 Jahren nennen. Dann höre ich auf zu denken und warte auf ein Bild, Wort oder Zeichen und betrachte dieses einige Minuten lang, ehe ich es wieder loslasse und mich frage, was mir das Bild sagen will bezüglich meiner Ziele und meiner Entscheidung.
- Ich stelle mir vor, dass ich wie durch ein Wunder einen Tsunami oder ein Schiffsunglück überlebt habe und auf einer fernen kleinen Insel strande, wo mich niemand kennt. Ich stelle mir vor, dass man mich daheim nach einer gewissen Zeit für tot erklärt und wie meine Verwandten und Freunde allmählich ein Leben ohne mich gestalten. Ich überlege mir dann, was ich tun möchte, wenn ich all meine Bekannten aus meinem Bild wegdenke und mein Leben neugestalten kann.
- Ich stelle mir vor, dass meine Ärztin oder mein Arzt mir bei einer Routine-Untersuchung mitteilt, dass ich an einer unheilbaren Krankheit leide und noch ein Jahr zu

leben habe. Ich versuche mir vorzustellen, was das für meine anstehende Entscheidung bedeutet. Ich beobachte meine Gedanken und Gefühle, Ideen und Pläne. Dann beende ich die Übung wieder und frage mich, was mir das Bild sagen will bezüglich meiner Ziele und meiner Entscheidung.

- Ich stelle mir vor, dass meine beste Freundin oder mein bester Freund sich in derselben Entscheidungssituation befindet wie ich. Ich stelle mir vor, dass meine Freundin bzw. mein Freund mir die Situation und die verschiedenen Alternativen und Kriterien beschreibt. Ich denke nicht rational nach, sondern lasse aus der Tiefe Worte und Bilder aufkommen. Was sage ich ihr oder ihm? Oder welche Fragen stelle ich ihr oder ihm?
- Ich stelle mir vor, dass ich meiner besten Freundin oder meinem besten Freund meine Entscheidungssituation mitteile. Und ich versuche zu hören, was sie mir sagen oder welche Fragen sie mir stellen.
- Ich stelle mir vor, dass mein bester Freund oder meine beste Freundin an meiner Beerdigung eine Rede hält. Ich stelle mir den Rahmen und die Gäste vor. Und ich stelle mir vor, wie ich gespannt in der Runde sitze und mich frage, was meine Freundin nun gleich sagen wird über mich und mein Leben.

Wo ich heute in 5 Jahren stehe
Für diese Übung suche ich drei Personen, die mich kaum kennen. Zunächst teilt jede Person ein A4-Blatt im Querformat mit zwei Linien in vier Rechtecke ein. Dann notiert jede Person in jedes ihrer vier Felder ein Stichwort für ein persönliches Szenario in 5 Jahren. Die Stichworte können eine berufliche Perspektive, eine neue Ausbildung, eine Auszeit, das Anschaffen eines Hundes, das Erlernen einer neuen Sprache, ein gesellschaftliches Engagement, einen Wohnortwechsel, eine neue Partnerschaft oder was

7 Individuelle Entscheidungsprozesse

auch immer betreffen. Die notierten Szenarien kann ich für realistisch halten, es können aber auch Dinge sein, die ich mir kaum zutraue und für deren Realisierung ich einen hohen Aufwand betreiben müsste. Eine der vier Szenarien kann auch die jetzige Situation sein, wenn mir diese sehr gefällt. Wenn alle vier Personen ihre vier Felder ausgefüllt haben, suchen sich alle eine andere Person aus, um zu zweit auszutauschen. Zuerst zeige ich der anderen Person mein Blatt und sage während etwa einer Minute 1–2 Sätze zu jeder der vier Alternativen, verrate aber nicht, welche Optionen ich für realistisch halte und welche für weniger realistisch. Dann gebe ich ein Zeitzeichen für alle. Nun hat die andere Person 6 min Zeit, um mir ein Feedback zu geben. Es kann sein, dass die andere Person meine vier Szenarien gleich beurteilt wie ich, vielleicht auch nicht. Nach diesen 6 min gebe ich wieder ein Zeitzeichen und wechsle die Rolle mit meinem Gegenüber, das mir ihr Blatt kurz erläutert. Ich gebe nun 6 min lang Feedback auf seine vier Zukunfts-Szenarien. Nach dem erneuten Zeitzeichen notieren alle auf der Rückseite des Blattes während 1–2 min in Stichworten die Rückmeldungen der anderen Person. Dann beginnt das Spiel von vorn, indem ich eine andere Person auswähle und wir uns gegenseitig die Szenarien zeigen und Rückmeldungen geben. In der Reflexion auf diese Übung fällt häufig auf, dass andere Menschen uns mehr zutrauen als wir uns selbst. In einer ruhigen Zeit kann ich die vier Szenarien sowie die Rückmeldungen nochmals auf mich wirken lassen und mich fragen, ob ich ein Szenario tatsächlich umsetzen möchte und was ich brauche, um auch die Szenarien realisieren zu können, die ich für weniger realistisch eingeschätzt habe. Weil ich diese Übung seit 25 Jahren in meinen Kursen mitmache und weil ich mir die vier Szenarien jeweils als Erinnerung in die Agenda notiere, kann ich heute Auf einen Blick sehen, welche Szenarien inzwischen Wirklichkeit geworden sind und welche nicht.

Die 10–10–10-Methode
Diese Übung eignet sich besonders, wenn nicht das Finden meines Entscheids das Problem ist, sondern meine Angst vor dem Moment, den Entscheid den Mitbetroffenen zu kommunizieren sowie mein Respekt vor der Mühsal des Übergangs in den ersten Wochen oder Monaten. Aus Konfliktscheu und Angst vor Liebesverlust sowie aus Harmonie- und Gefallsucht verzichten viele darauf, ihre Träume und Wünsche zuzulassen, geschweige denn anderen mitzuteilen und sie umzusetzen. Aus Angst vor kurz- und mittelfristiger Mühsal verzichten manche auf ihre langfristigen Träume und entscheiden sich für das kleine Glück und für den Spatz in der Hand. Die *10–10–10-Methode* von Suzy Welch hilft, die langfristigen Träume und Wünsche, Visionen und Ziele in uns zu stärken und dadurch die Macht unserer Ängste zu relativieren. Wenn ich in einer Entscheidungssituation den Entscheid innerlich getroffen habe, notiere ich die Antworten auf vier Fragen auf ein Blatt: Will ich in 10 Jahren noch an dem Punkt stehen, wo ich heute bin? Wie sieht mein Bild meiner Situation in 10 Jahren aus? Welche Folgen hat mein Entscheid in den ersten 10 min, nachdem ich ihn den Mitbetroffenen kommuniziert habe? Und welche Folgen hat der Entscheid in den ersten 10 Monaten des Übergangs? Selbstverständlich sind die Zeiträume nicht peinlich genau zu verstehen. Ich kann genauso gut 5 Tage, 5 Monate und 5 Jahre wählen. Je stärker und öfter ich das positive und visionäre Bild, das ich von mir in 10 Jahren habe, vor Augen führe, umso mehr verleiht es mir die nötige Kraft, den mühsamen und schmerzhaften Übergang zu meistern.

Alltägliche Mini-Entscheide

Ein junger Mann kommt mit dem Zug in Köln am Bahnhof an, kennt sich in der Stadt nicht aus und sucht den Weg zur nahen Philharmonie, wo er ein Konzert besuchen will. Als er am Ausgang des Bahnhofs steht, eilt ihm gerade ein älterer Herr mit einem Geigenkasten unterm Arm entgegen. Der junge Mann stellt sich dem älteren in den Weg und frägt: „Entschuldigung, wie gelange ich zur Philharmonie?" Der ältere Herr schaut ihn gütig an und meint: „Üben, üben, üben, mein Sohn." Die Weisheit „Übung macht den Meister" trifft auch für unsere Entscheidungskompetenz zu. Gerade wenn und weil uns Entscheidungen mit weitreichenden Konsequenzen schwerfallen, können wir unsere Fähigkeit, stimmige Entscheide zu treffen, mitten im Alltag in kleinen Fragen und Situationen üben, die keine Folgen von großer Tragweite haben. Konkret kann ich dies beim täglichen Einkaufen oder bei Restaurant-Besuchen üben und darauf achten, nach welchen Kriterien ich meine Entscheide treffe. Wirtshäuser sind ideale Entscheidungs-Mekkas. Innerhalb weniger Stunden treffen wir mehrere Entscheide, die wenig einschneidende Folgen für unser Weiterleben haben, sofern wir nicht an einer Fischgräte ersticken oder giftige Pilze erwischen. In welches Lokal will ich meinen Gast führen? Schaue ich mir im Internet zuerst die Bewertungen an oder frage ich Freunde um Rat? Was wähle ich zum Essen? Will ich einladen oder mich einladen lassen, oder sollen wir uns die Rechnung teilen oder sollen beide das eigene Essen bezahlen? Wähle ich, was ich schon kenne, oder experimentiere ich? Nehme ich eine große oder eine kleine Portion, mit oder ohne Vorspeise? Schließe ich mich beim Getränk meinem Gegenüber an oder wähle ich, was ich lieber mag? Lasse ich mir von der Bedienung etwas Spezielles empfehlen und folge dann dem Rat? Und schaue ich den Tischnachbarn, die bereits am Essen sind, auf die Teller, um zu sehen, wie die Gerichte konkret ausschauen? Die meisten Menschen entwickeln mit der Zeit Kriterien, die das Entscheiden einfacher machen und die Zufriedenheit erhöhen.

Muskel-Tests

Unsere Muskeln steuern wir einerseits mit dem Verstand. Andererseits lenkt unser Körper die Muskeln unwillkürlich, quasi automatisch mit dem vegetativen Nervensystem. Dieses reagiert x-fach schneller als der Verstand, vor allem in Gefahr und Paniksituationen. Das Hirn schüttet Neuropeptid mit einer Geschwindigkeit von 1500 m pro Sekunde in die Muskeln und schwächt sie. Auch in Entscheidungssituationen reagiert der Körper intensiver als sonst. Diese höhere Sensibilität können wir bewusst einsetzen, um zu mehr Klarheit zu gelangen. Eine Übung aus der Kinesiologie in zwei Varianten möge Sie dazu ermutigen:

In der ersten Variante der Übung wähle ich eine Person als mein Gegenüber. Ich kann ihr zunächst meine Entscheidungssituation schildern: meine möglichen Alternativen, meine Überlegungen, meine Werte und Ziele. Dann forme ich bei beiden Händen aus dem Daumen und Zeigefinger jeweils einen Kreis. Nun fordere ich mein Gegenüber auf, mir eine Frage zu stellen, die ich eindeutig mit JA beantworten kann, z. B. ob ich soundso heiße. Während die andere Person mich frägt, hängt sie ihre beiden Zeigefinger in meine geschlossenen Kreise ein und versucht meine Fingerkreise zu öffnen. Es wird kaum funktionieren. Wenn mein Gegenüber eine Frage stellt, bei der meine Antwort klar Nein lautet, hat das Gegenüber ein weit leichteres Spiel. Ich kann diesen Test zunächst ein paar Mal mit sehr simplen Fragen beginnen. Danach kann mein Gegenüber beginnen, schwierigere Fragen zu stellen, die meine Entscheidungsfindung betreffen. Ich antworte jeweils spontan ohne langes Nachdenken. Mit der Zeit werde ich spüren, wann meine Energie stärker und wann schwächer ist, wenn also mein tiefes Körperbewusstsein eher zu einem Ja oder zu einem Nein tendiert.

Diese Übung kann man auch so durchführen, dass ich mich hinstelle, den rechten Arm hängen lasse und den linken Arm mit durchgedrücktem Ellbogen waagrecht seitlich vom Körper wegstrecke. Die andere Person stellt sich mir gegenüber, legt ihre Hand auf meine linke Schulter und umfasst mit ihrer rechten Hand hinter dem Handgelenk meinen ausgestreckten Arm. Nun kann mir die andere Person wie bei der ersten Übung Fragen stellen und meinen linken Arm kräftig für ein paar Sekunden runter drücken. Mein Widerstand wird bei einem zweifelnden Nein wesentlich kleiner sein als bei einem klaren Ja.

Entscheidungs-Matrix
Wenn die zwei positiv formulierten Wahloptionen und die Wahlkriterien bekannt sind, kann man die beiden Optionen mit einer gewichteten Matrix vergleichen. Auch wenn sich am Ende ein klarer Favorit abzeichnet, sind die Gewinnpunkte zu relativieren. Erstens beeinflussen wir eine Matrix dadurch, dass wir die Kriterien und deren Gewichtung so legen, dass im Hinterkopf bereits die eine oder andere Wahlmöglichkeit bevorzugt wird. Und zweitens ist diese Methode eine einseitige Kopfangelegenheit, die sich mit dem Bauchgefühl decken muss. Zunächst schildern Sie kurz Ihre Situation (ursächliche, beeinflussende und auslösende Faktoren einer nötigen Veränderung). Dann beschreiben Sie kurz die 2–3 Optionen, die positiv formuliert sind. Und dann formulieren Sie die verschiedenen Wahlkriterien: das Lebensziel, die wichtigsten Werte, die Hemmer und Treiber, die Must-haves und die Nice-to-haves. Die einzelnen Wahlkriterien erhalten je 1–3 Punkte. Bei negativen Kriterien werden die Punkte negativ verteilt von -1 bis -3. In einem zweiten Schritt werden die Kri-

terien selbst nach ihrer Bedeutung gewichtet und erhalten in der Spalte G 1–5 Punkte. Schließlich werden in den Klammern die Punktzahl mit der Gewichtung multipliziert. Hier ein Beispiel:

- **Situation:** Familie Huber mit drei Kindern im Alter von 7–13 Jahren überlegt sich, den Wohnort zu wechseln. Der Vater arbeitet zu 100 % in München, die Mutter nimmt neu eine 50 %-Stelle in Freising auf.
- **Option A:** Miete einer 4-Zimmer-Wohnung im Zentrum von München, Monatsmiete: € 3200.-.
- **Option B:** Miete einer 5-Zimmer-Wohnung am Rande von Freising. Monatsmiete: € 2800.-.
- **Kriterien:** Das Wichtigste ist der Zusammenhalt der Familie. Weitere Werte sind die Lebensqualität, die Nähe zum öffentlichen Verkehr sowie die Nähe zum Arbeitsplatz und zum Freundeskreis. Gegen eine Veränderung spricht vor allem, dass Frau Hubers Stelle auf zwei Jahre beschränkt ist und dass sie längerfristig Arbeit in München sucht. Zudem wäre ein Schulwechsel für den ältesten Sohn Peter schwierig, weil er spezielle Therapiestunden braucht, die nur in München angeboten werden (Tab. 7.1).

Tab. 7.1 Entscheidungs-Matrix

Kriterien	Option A	Option B	G
Familie	3 (15)	3 (15)	5
Lebensqualität	3 (12)	3 (12)	4
Nähe öV	3 (15)	2 (10)	5
Nähe Arbeit	2 (8)	1 (4)	4
Nähe Freunde	3 (9)	1 (3)	3
Stelle Frau H	-1 (-3)	-3 (-9)	-3
Therapie Peter	3 (12)	1 (4)	4
Total:	**16 (68)**	**8 (39)**	

> **Übersicht**
>
> Option A (Miete der kleineren Wohnung in München) ist auf Grund der Matrix klarer Favorit.
> Welche Methode möchte ich bei meiner nächsten wichtigen Entscheidung ausprobieren?
> Nach welchen Kriterien treffe ich alltägliche Entscheide beim Einkaufen oder beim Essen im Restaurant?

7.10 Entscheide leben und prüfen

Ein Entscheidungsprozess ist nicht vollendet, wenn wir den Entscheid getroffen haben. Nach dem Abwägen der Optionen und dem Entscheid selbst folgen weitere fünf Schritte. Erstens ist es sinnvoll, während zwei bis drei Tagen dem getroffenen Entscheid bei Tag und bei Nacht nachzuspüren. Wenn wir uns in dieser Zeit lebendig fühlen und ruhig schlafen können, ist der Entscheid ziemlich sicher stimmig. Zweitens sollten wir den gefällten Entscheid feiern, selbst wenn es sich um eine Trennung oder Kündigung handelt. Drittens sollen wichtige Entscheide achtsam kommuniziert werden. Man kann Menschen sehr enttäuschen und verletzen, wenn man sie zu spät, ungenügend oder auf dem falschen Kanal informiert. Viertens gehört zum Entscheidungsprozess das entschiedene Umsetzen des Entscheids. Eine Freundin sagte mir einmal: *„Das Schwierigste am Entscheiden finde ich nicht das Entscheiden selbst, sondern das Zweifeln danach."* (♀, 50 Jahre) Und fünftens sollten wir bei wichtigen Entscheidungen im Voraus einen Zeitpunkt festlegen, an welchem wir den Entscheid kritisch reflektieren, evaluieren und wenn nötig modifizieren. Die Prüfung des gefällten Entscheids sollte nicht schon nach zwei Tagen und auch nicht erst nach fünf Jahren erfolgen, sondern je nach Tragweite des Entscheids nach zwei Wochen bis drei Monaten. Fragen zur Evaluation von Entscheidungen stehen am Ende von Kap. IV.

8

Kollektive Entscheidungsprozesse

Entscheidungen bilden nicht nur die Basis für ein sinnerfülltes Leben von Individuen, sondern auch die Grundlage für ein gelingendes gesellschaftliches Zusammenleben. Dieser dritte Buchteil thematisiert Faktoren, die in kollektiven Entscheidungsprozessen anders, nötiger oder ausgeprägter sind als in individuellen Entscheidungsprozessen. In Ehen und Familien, Schulklassen und Arbeitsteams, Sportteams und Vereinsvorständen, Jugend- und Altersheimen, Kirchen und Verbrecherbanden, Unternehmen und Parteien, Gemeinden, Landesregierungen und globalen Organisationen werden Entscheidungen ähnlich wie beim Individuum von unterschiedlichen Interessen und Wünschen, Sehnsüchten und Ängsten, Träumen und Visionen, von treibenden und hemmenden Stimmen, innovativen und reaktionären Kräften bestimmt und beeinflusst, dominiert und gesteuert, gepusht und gebremst, erzwungen und blockiert. Betrachten wir nochmals die Definition von Entscheidungen:

© Der/die Autor(en), exklusiv lizenziert an Springer-Verlag GmbH, DE, ein Teil von Springer Nature 2025
L. Niederberger, *Am liebsten beides,*
https://doi.org/10.1007/978-3-662-70762-3_8

> Entscheidungen sind individuelle oder kollektive Prozesse des rationalen und emotionalen Abwägens gegebener und erwünschter Optionen auf eine optimale Zukunft hin – unter Berücksichtigung von Zielen und Werten, innerer und äußerer Freiheit, vorhandener Ressourcen und in Abwägung möglicher Konsequenzen.

Was bei kollektiven Entscheidungen in Gruppen, Organisationen oder Gesellschaften anders ist als bei individuellen Entscheidungsprozessen, ist die Tatsache, dass die verschiedenen Stimmen, Interessen, Bedürfnisse und Wünsche nicht in unserem Inneren gegeneinander ringen, sondern im Außen: am Esstisch, im Sitzungsraum oder im Parlamentssaal. Ansonsten haben individuelle und kollektive Entscheidungsprozesse viele Ähnlichkeiten. Bei beiden Entscheidungsprozessen sind es einzelne Menschen, die ja oder nein sagen.

Weil wir von der Gruppe und der Gesellschaft akzeptiert werden wollen, verhalten wir uns in kollektiven Entscheidungsprozessen oft sozialer und ökologischer, als wenn wir einen individuellen Entscheid treffen. Wenn Eltern mit ihren Kindern zusammen sind, entscheiden sie sich häufiger gegen die Autofahrt zum nahen Bäcker, als wenn sie einzeln zwischen Auto und Fahrrad wählen. Und auf dem Dorfplatz in Afrika, wo Bauern gemeinsam entscheiden, was in der nächsten Pflanzperiode zu tun ist, sind sie eher bereit, mit dem Wasser sorgsam umzugehen, als wenn sie nur für ihre Parzelle zu entscheiden haben. Die Gruppendynamik kann bei kollektiven Entscheidungsprozessen aber auch zu einer fragwürdigen höheren Risikobereitschaft führen. Vereinsvorstände würden viele riskante Aktienkäufe nicht tätigen, wenn es sich um ihr Privatvermögen handeln würde. Kollektiventscheide haben auch den Nachteil, dass sich Einzelne für negative Konsequenzen von Entscheiden persönlich weniger verantwortlich fühlen als bei Entscheiden im Privatbereich. Müssten Staatspräsidenten und Generäle bei Kriegen jeweils in der ersten Reihe stehen und würden sie für jedes Kriegsverbrechen ihrer Truppen bestraft, gäbe es längst keine Kriege mehr.

Im Unterschied zu individuellen Entscheidungsprozessen muss den Mitgliedern einer Gruppe in Entscheidungsprozessen klar sein, ob sie nur ein Recht auf Information besitzen oder ein Anhör-, Mitsprache- oder Mitbestimmungsrecht, ob alle gleich viele Stimmen besitzen, ob beim Entscheid ein einstimmiger Konsens erreicht werden muss, ob es einen demokratischen Vorgang mit absolutem oder relativem Mehrheitsentscheid gibt oder ob ein direktoriales Veto und ein präsidiales Recht auf Stichentscheid existieren. Klare Strukturen, Spielregeln und Kompetenzverteilung garantieren aber noch nicht automatisch gute Entscheidungen. In manchen Teams ziehen graue Eminenzen im Hintergrund die Fäden. Auch foutieren sich manche patriarchalen Chefs in Unternehmen, Stiftungsräten und Vorständen um getroffene Entscheide und werfen diese schon nach kurzer Zeit willkürlich über den Haufen. Kollektive Entscheide setzen neben klaren Spielregeln einen reifen und bewussten Umgang mit Macht voraus, die an Verantwortung gekoppelt ist und dem Wohl des Ganzen dient, statt narzisstische Egos bestimmter Personen und partikuläre Interessen von Gruppen zu verteidigen.

Während auf der persönlichen Ebene verschiedene Stimmen und Instrumente in Kopf, Herz und Bauch gemeinsam einen optimalen Entscheid zu erreichen suchen, buhlen in kollektiven Entscheidungsprozessen unterschiedlichste Menschen und Gruppen, Stimmen und Mächte mit unterschiedlichen Prägungen, Geschichten, Werten und Prioritäten um möglichst viel Einfluss und

Macht und um möglichst hohe Aufmerksamkeit und Sichtbarkeit. Um Entscheide zu erreichen, die eine breite Akzeptanz erreichen und in der Folge möglichst lange halten, ist es bei kollektiven Entscheidungsprozessen unerlässlich, dass nicht die Macht des Stärkeren zählt, sondern die gerade auch die Bedürfnisse und Interessen von jenen integriert werden, die wenig Macht und oftmals keine Stimme haben: Frauen und Kinder, Tiere und Pflanze, Angestellte, Randgruppen, Kleinstaaten sowie ethnische, religiöse und sexuelle Minderheiten.

Stimmige kollektive Entscheidungen entstehen, wenn die Verschiedenartigkeit von Meinungen, Menschen und Gruppen nicht nur geduldet, sondern gewünscht und als Bereicherung empfunden und behandelt wird. Neue und innovative Ideen entstehen wie bei individuellen Entscheiden gerade durch die verschiedenen Stimmen. Solange fremde Meinungen, Menschen und Gruppen in kollektiven Entscheidungsprozessen als Problem, Gefahr und Belastung betrachtet werden, ist deren Qualität ungefähr so hoch wie jene von persönlichen Entscheidungen, die nur auf Grund innerer Ängste getroffen werden.

Entscheidungsprozesse unterliegen dem Zahn der Zeit und müssen sich in jeder Gruppe, Organisation und Gesellschaft weiterentwickeln. Mehrheitsentscheide sind nicht zwingend die besten, weisesten, fairsten, sinnvollsten und nachhaltigsten Entscheide. Gruppen, Organisationen, Länder und globale Organisationen, in denen sich bestimmte Menschen und Gruppen bei kollektiven Entscheidungsprozessen a priori nicht beteiligen können, sind immer stärker zu hinterfragen. Zudem müssen die meisten kollektiven Entscheidungsprozesse noch im digitalen Zeitalter ankommen.

- Wie weit sind in Gruppen, Organisationen, Unternehmen und politischen Gebilden, in denen ich mich bewege, die Strukturen, Regeln und Kompetenzen klar, fair und transparent?
- Wie hoch beurteile ich in den Gruppen, Organisationen, Unternehmen und politischen Gebilden, in denen ich mich bewege, das Bewusstsein für stimmige Entscheidungsprozesse?
- Wie weit werden Macht und Risikobereitschaft in den Gruppen und Institutionen, in denen ich mich engagiere, bewusst gelebt und offen thematisiert?
- Wie offen sind die Organisationen, in denen ich mich engagiere, für Veränderungen ihrer Machtstrukturen?
- Wie werden in den Gruppen, in denen ich mich bewege, Minderheiten und Minderheitsmeinungen behandelt?
- Wie weit sind in den Organisationen, in denen ich mich bewege, die Ziele und Werte klar, bekannt, verinnerlicht und in Entscheidungsprozesse integriert?

8.1 Paar-Entscheidungen

In Familien sind täglich zahlreiche Entscheide zu treffen. Wenn diese die Erziehung der Kinder betreffen, werden sie von den Eltern idealerweise einstimmig getroffen und gemeinsam kommuniziert. Ansonsten ist es zwar anstrengend, aber gesund, wenn Paare unterschiedlich denken, fühlen, urteilen und entscheiden. Im Unterschied zu Vereinen, Gemeinden und Ländern wird in Ehen und Partnerschaften selten bis nie schriftlich geregelt, nach welchem Modus Entscheidungen getroffen werden. Ein uralter Witz berichtet von zwei hohen militärischen Offizieren, die sich über die Entscheidungsprozesse in ihren Ehen unterhalten. Sagt der eine: *„Bei uns treffe ich die großen Entscheide und meine Frau die kleinen."* Frägt der andere: *„Und wie viele große Entscheide gibt es bei euch?"* Worauf der erste mit gesenktem Kopf und leiser Stimme erwidert: *„Bei uns gibt es nur kleine Entscheide."* Traditionelle Ehen funktionierten früher genau umgekehrt. Meine Mutter bestimmte in den 60-er und 70er-Jahren, was beim Essen auf den Tisch kam, während mein Vater nebenbei erwähnte, dass er gerade ein neues Auto gekauft habe. Erstaunlicherweise klären auch heute noch zahlreiche Paare die Frage der gerechten Verteilung von privater Care-Arbeit und bezahlter Erwerbsarbeit nicht, ehe sie Kinder zeugen. Als Frau würde ich einen Keuschheitsgürtel tragen bis der Partner schriftlich erklärt, in den nächsten 25 Jahren mindestens die Hälfte der Haus- und Familienarbeit zu übernehmen.

Weil die Angst vor Liebesentzug, Liebesverlust und Trennung zu den tiefsten menschlichen Ängsten gehört, stellen zahllose Menschen in partnerschaftlichen Entscheidungen ihre eigenen Bedürfnisse zurück. Bei traditionellen Paaren ist es noch immer die Frau, die sich zurücknimmt, weil sie so erzogen wurde. Doch Ehen, die den Konflikt in partnerschaftlichen Entscheidungsprozessen scheuen und ständig nach Harmonie und Eintracht streben, leben in der Regel eine wenig lebendige Friedhöflichkeit.

Wichtig ist, dass Paare gemeinsame Perspektiven, Ziele und Werte haben und diese gemeinsam regelmäßig hinterfragen. Die Ziele bezüglich Partnerschaft ändern sich im Verlauf der Beziehung mehrmals. Wenn das ursprüngliche Ziel der Ehe lautete, materiell füreinander zu sorgen, kann dieses Ziel bereits nach einem Jahr erfüllt sein, falls beide eine Erbschaft machen oder im Lotto gewinnen. Wenn das anfängliche Ziel die sexuelle Erfüllung war, so ist die Enttäuschung in sechs von zehn Fällen bereits nach drei Jahren oder nach der Geburt des zweiten Kindes vorprogrammiert, vor allem wenn sich das Paar gegenseitig „Papa" und „Mama" nennt. Bei vielen Paaren besteht das ursprüngliche gemeinsame Ziel in der Gründung einer Familie. Darum müssen spätestens dann neue Ziele setzen, wenn die Kinder nicht mehr Kinder sind und ausziehen. Wenn das Ziel eines Paares bereits zu Beginn das gegenseitige Wachstum und der gemeinsame Einsatz für eine friedvollere Welt lautete, dann braucht das Paar zeitlebens keine neuen Ziele mehr zu suchen.

Der Paartherapeut Hans Jellouschek (1939–2021) war mir vermutlich auch darum nahe, weil er auch Jesuit war und 1968 ausgetreten ist. Seine Grundthese lautete, dass Verschiedenheit im Paarleben befruchtend ist, solange die tieferen Gemeinsamkeiten sichtbar sind. Zu Beginn einer Paarbeziehung wirken Unterschiede anziehend. In Partner*innen suchen wir das Andere, Fremde und Ergänzende. Das langfristige Zusammenleben wir jedoch unerträglich, wenn die zentralen Werte diametral verschieden sind. Es gibt Paare, wo der Mann Oldtimer-Fan ist und die Frau bei den Grünen politisiert. Und es gibt Paare, wo die Frau permanent über Ausländer schimpft und der Mann für eine offene Asylpolitik mobilisiert. In Diskussionsrunden am Stammtisch und im Parlament sind konträre und sich widersprechende Wertesysteme durchaus befruchtend. Gleichzeitig verstehe ich jedes Paar, das irgendwann genug hat von täglichen kontroversen Debatten über Klimapolitik, Flüchtlingsströme und Genderfragen.

- Welche Ziele und Werte teilen wir in der Partnerschaft – und welche nicht?
- Wie laufen Entscheidungsprozesse ab, die uns beide betreffen?

8.2 Entscheidungen im Kollektiv

In individuellen Entscheidungsprozessen ringen Stimmen im inneren Orchester nach einer möglichst stimmigen Lösung. In Teams und Gruppen, Vereinen und Verbänden, Unternehmen und Gemeinden sowie in nationalen Regierungen und internationalen Organisationen sitzen sich bei Entscheidungsprozessen unterschiedliche und widersprüchliche Stimmen nicht nur im eigenen Kopf und Herz gegenüber, sondern auch auf der anderen Seite des Konferenztisches und in der anderen Ecke des Parlamentssaals. Konträre Stimmen schreiben auch hässliche Kommentare in Zeitungen und Online-Portalen oder marschieren an Gegen-Demonstrationen.

Bei unternehmerischen Entscheiden existiert meistens eine Kluft zwischen den Zielen und Werten von Arbeitgebern, Aktionariat, Mitarbeitenden, Gesellschaft und Natur. Und bei politischen Entscheiden sind die Ziele und Werte zwischen den Parteien sowie zwischen Arbeitgebern und Sozialpartnern oft unvereinbar. Oft stehen sich Werte gegenüber, die an sich wertvoll erscheinen. Soll man beispielsweise genetisch behandelten Reis oder Mais in Indien anpflanzen, wenn dafür drei statt zwei Ernten jährlich zu erwarten sind und Millionen von Menschen ernährt werden können? Und soll man eine ungenutzte Landwirtschaftszone in Bauland umzonen, damit die Stadt Sozialwohnungen bauen kann und künftig wieder mehr Familien in der Stadt leben können?

Unternehmen und Politiker*innen treffen Entscheide leider nicht immer auf Grund ihrer Ziele und Werte, sondern vermehrt im Hinblick auf mögliche Reaktionen in den Medien und auf ihr Image bei den Wähler*innen und Kund*innen. Die Sozialen Medien haben zudem dazu geführt, dass sich immer mehr Menschen in Filterblasen von Gleichgesinnten bewegen und dass die Fähigkeit und Bereitschaft zu Kompromissen und zu gemeinsamen Lösungen für die gesellschaftlichen Herausforderungen abnehmen. Hinzu kommt das Paradox von Wirtschaft und Politik, dass sich Organisationen wie einzelne Menschen unvernünftig verhalten und dem „natürlichen" und irrationalen System von Überlebenskampf, Rivalität und Wettbewerb folgen statt dem rationalen System von Zielen und Werten. Parteigezänk und Verdrängungs-Wettbewerb entsprechen zutiefst dem unwillkürlich-emotionalen Steuersystem unseres Hirns.

Eine grundsätzliche Schwierigkeit von Entscheidungsprozessen in Politik und Wirtschaft besteht in deren kurzfristiger Denk- und Handlungsweise. Vertreterinnen und Repräsentanten des Volkes müssen alle 4–5 Jahre neu in ihre Ämter gewählt werden. Niemand denkt an die Konsequenzen für die siebte Generation. Und in der Wirtschaft sind die Zahlen am Ende des Jahres, des Monats und oftmals sogar am Ende des Tages entscheidend. Oft konkurrenzieren sich kurzfristige Milliardengewinne und langfristige Gesundheits- und Umweltschäden sowie Energiesicherheit. Kommt hinzu, dass es eine Mehrheit von älteren Menschen ist, die politisch über langfristige Anliegen abstimmen. Es wäre darum überlegenswert, ob bei einer Abstimmung über Fragen mit jahrzehntelangen Auswirkungen nur Personen unter 40 Jahren entscheiden dürfen, weil sie die Konsequenzen effektiv tragen werden.

Wenn die Demokratie nicht nur als Staatsform mit allgemeinem Wahlrecht, Gewaltenteilung und Rechtsgarantie, sondern auch als eine Denkkultur und Lebensweise zukunftsfähig sein will, müssen ihre Entscheidungsprozesse aus dem 19. Jahrhundert fundamental erneuert werden. Demokratie muss digitaler und mit anderen Engagements leichter vereinbar werden. Debattieren, wählen und abstimmen sollte so einfach werden wie das mobile Bestellen eines Taxis und das Buchen eines Hotels. Und politische Partizipation sollte mehr Spaß bereiten. An dieser Stelle mögen ein paar Stichworte genügen:

- politische Teilhabe aller Bewohner*innen
- Förderung von politischer Bildung an Grundschulen
- Förderung von inklusiven Online-Debatten
- Förderung von zivilgesellschaftlichem Engagement
- Mitgliedschaft in Parlamenten durch Losverfahren
- Mitgliedschaft in Citizen Assemblies durch Losverfahren
- Demokratie-Rankings bei Unternehmen
- Demokratie-Projekte in Schulen
- Errichtung und Förderung von Bürgerstiftungen

Weil die großen gesellschaftlichen und ökologischen Herausforderungen (Hunger, Migration, Klimaerwärmung, Pandemien, Krieg, organisiertes Verbrechen und Menschenrechtsverletzungen) nicht an Landesgrenzen Halt machen, braucht es auf der globalen Ebene neue Entscheidungsstrukturen und Entscheidungsprozesse. Nicht nur das Veto im Uno-Sicherheitsrat erweist sich regelmäßig als untaugliches Mittel zur Friedenssicherung. Es ist auch fragwürdig, dass an der Uno einzig die nationalen Regierungen ein Stimmrecht besitzen, nicht aber die ethnischen Minderheiten, die zivilgesellschaftlichen Organisationen, die Wissenschaft und die Wirtschaft.

9

Schritt für Schritt entscheiden

Nach der Auseinandersetzung mit unserer Entscheidungsfreiheit sowie mit diversen Aspekten individueller und kollektiver Entscheidungsprozesse wird an dieser Stelle ein Entscheidungsprozess Punkt für Punkt durchgespielt (Abb. 9.1).

Situationsanalyse
Viele Menschen nehmen am Jahresbeginn oder im Sommerurlaub eine persönliche Standortbestimmung vor und prüfen, ob sich bei einem der Hüte, die sie tragen, eine Veränderung anbahnt oder aufdrängt. Andere reflektieren ihr Leben, wenn sie in einem bestimmten Lebensbereich ein Leiden spüren und sich eine Veränderung aufdrängt. In Partnerschaften, Gruppen, Organisationen, Unternehmen, Gemeinden und Staaten laden Hochzeitstage, Strategie-Workshops, Organisations-Entwicklungsprozesse, Generalversammlungen und Wahlen zur regelmäßigen Selbstreflexion an.

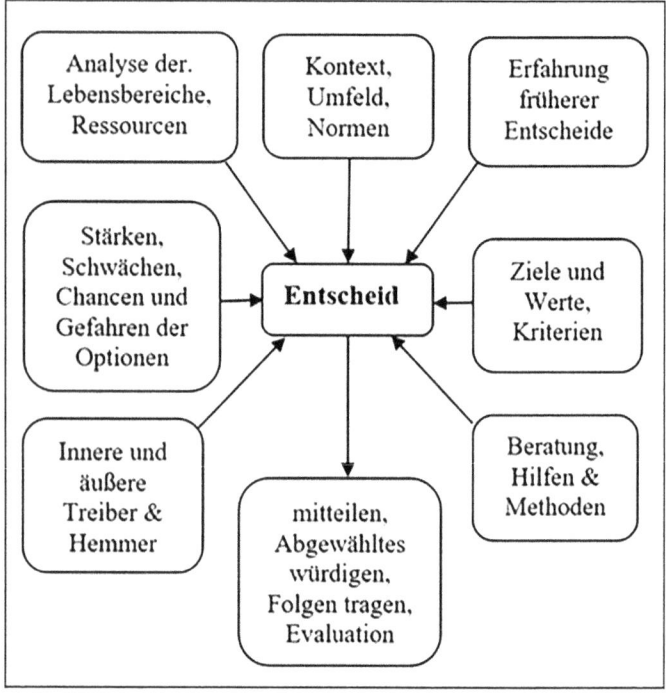

Abb. 9.1 Komplexität von Entscheidungsprozessen. (Lukas Niederberger 2024 ©)

In Standortbestimmungen prüfe ich, ob ich in einem oder in mehreren Bereichen ein Leiden, eine Spannung, eine Unzufriedenheit, einen Energiemangel oder eine fehlende Lebendigkeit feststelle:

- Körperlichkeit (Gesundheit, Bewegung, Ernährung)
- Partnerschaft, Ehe, Kommunikation, Sexualität
- Eltern, Kinder, Geschwister, Enkel, Großeltern, Pflegekinder, Patenkinder usw.
- Wohnsituation, Nachbarn, Hausarbeit, Familienarbeit
- Erwerbsarbeit, Nebenbeschäftigungen

- Vereinsaktivitäten, Freiwilligenarbeit
- Aus- und Weiterbildungen
- Finanzielle Situation
- Spiritualität, Sinn- und Zukunftsfragen
- Freundeskreis
- Freizeit: Hobbys, Künste
- Staat, Welt, Umwelt

Ich notiere mir die Baustellen aller Lebensbereiche auf einem Blatt Papier.

Ressourcen und Rahmenbedingungen
Bei physischen Baustellen, wo man an einem Haus oder an einer Straße etwas reparieren oder verbessern will, prüft der Gemeinderat zuerst, ob genügend Material, Personal, Zeit und Finanzen bestehen. Bei persönlichen Baustellen prüfe ich, ob ich genügend innere Freiheit, Zeit sowie geistige, emotionale und physische Kraft besitze, um die nötigen Entscheidungsprozesse anzugehen. Möchte ich den Entscheidungsprozess mit Fasten oder Schweigen, Rückzug auf dem Berg oder mit Urlaub am Meer unterstützen? Und gönne ich mir eine professionelle Begleitung? Die Zeitdauer, die ich mir für den Entscheidungsprozess gönnen will, sollte in einem vernünftigen Verhältnis zur Bedeutung und Tragweite des Entscheids stehen. Wenn ich in einer Krise bin, habe ich vermutlich nicht die nötige Freiheit und Energie für einen Entscheidungsprozess. Dann versuche ich die Situation auszuhalten, bis ich wieder so weit über Wasser bin, dass ich mir eine Zukunft mit mehreren Optionen vorstellen kann. Bei kollektiven Entscheidungen werden die Ressourcen und Rahmenbedingungen gemeinsam ausgehandelt.

Kontext und Umfeld

Geht es um einen großen und unumkehrbaren Lebensentscheid oder um einen alltäglichen Spontanentscheid? Erlaubt es mir mein privates, berufliches und gesellschaftliches Umfeld, dass ich jetzt eine Veränderung einleite oder muss ich den Entscheidungsprozess aus Rücksicht auf jemanden oder auf etwas zeitlich verschieben?

Frühere Entscheide

Kann ich mich bei dem anstehenden Entscheidungsprozess auf frühere Entscheide berufen? Haben sich bestimmte Methoden bei früheren Entscheidungsprozessen besonders gut bewährt? Oder kann ich aus früheren Fehlern etwas Wichtiges lernen? Wenn in der Öffentlichkeit Wahlen und Entscheide anstehen, sorgen die Medien dafür, dass frühere Entscheide nicht vergessen werden – vor allem wenn es sich um objektive Fehlentscheide handelte.

Optionen und ihre Folgen

Als Vorbereitung des Entscheidungsprozesses notiere ich die möglichen Optionen und Wahlalternativen nebeneinander auf ein Blatt Papier. Der Status quo kann immer auch eine Option sein, muss aber nicht. Ich notiere auch Optionen, wo es mir fast schwindlig wird, weil sie eine einschneidende Veränderung mit weitreichenden Konsequenzen bedeuten würden. Wenn ich mich mitten in einer Notsituation befinde, kann ich unter Umständen nur Optionen notieren, die nicht meinen Wunschvorstellungen entsprechen. Die verschiedenen Optionen formuliere ich immer positiv. Ich notiere beispielsweise nicht Heiraten und Nicht-heiraten, sondern Heiraten und Single-Leben oder Leben in einer WG. Und ich notiere auch nicht bzw. Hausbau und Nicht-Hausbau, sondern Hausbau, Eigentumswohnung oder Mietwohnung. Zu den einzelnen

Optionen beschaffe ich mir eine angemessene Menge an Informationen. Von jeder Option notiere ich die Stärken und Schwächen, Chancen, Gefahren, Nutzen und Risiken. Wenn Entscheide nicht nur für uns und unsere Organisation Folgen haben, sondern auch für weitere Personen und Gruppen, ist deren Integration in den Entscheidungsprozess zu klären.

Entscheidungskriterien
Je nach Entscheid messe ich die bestehenden Optionen an unterschiedlichen Kriterien. Wichtige Entscheide messe ich an meinem Lebensziel und an meinen wichtigsten Werten. Bei spezifischen Entscheidungen prüfe ich die Bedingungen, die unbedingt gegeben sein müssen *(Musthaves)* sowie meine Wünsche, die nicht notwendig erfüllt sein müssen, aber wenn möglich berücksichtigt werden sollten *(Nice-to-haves)*. Zum Gewichten und Abwägen der Kriterien kann ich auch eine Matrix erstellen (s. Kapitel 9j).

Allen Stimmen Raum geben
Bei individuellen Entscheidungen mache ich mir meine wichtigsten inneren und äußeren Stimmen und Kräfte, Treiber und Hemmer, Sehnsüchte und Ängste bewusst und gebe ihnen den dominanten Stimmen konkrete Namen, damit ich sie beim Dirigieren direkt ansprechen kann. Wenn gewisse Stimmen und Kräfte lieber ein Solostück als im Orchester eine Sinfonie aufführen wollen, gebe ich anderen Stimmen mehr Raum und Gewicht. An Verhandlungstischen sitzen die verschiedenen Stimmen nicht im inneren Orchester, Chor, Parlament oder Zoo, sondern am Verhandlungstisch. Wichtig ist, dass alle zu Wort kommen und ernst genommen werden.

Beratung und Hilfen
Je nach Art, Ebene und Bedeutung der Entscheidung mache ich den Entscheid mit mir selbst aus, kontaktiere Angehörige, Freunde oder lasse mich von Fachpersonen begleiten. Für die Steuerung und Begleitung von Entscheidungsprozessen in Organisationen existieren zahllose Berater*innen, die meistens über alle Berge sind, wenn die Umsetzung startet.

Entscheid
Für die Phase der Entscheidungsfindung lege ich im Voraus einen zeitlichen Anfang und ein Ende fest. Vielleicht wähle ich im Kapitel 9 eine oder mehrere Methoden aus, um das Finden und Treffen des Entscheids zu unterstützen. Wenn der Entscheid steht, schlafe ich noch 1–2-mal darüber und feiere den Entscheid dann für mich oder zusammen mit anderen.

Kommunikation
Individuelle Entscheide werden meistens allein getroffen. Und kollektive Entscheide erfolgen nicht selten hinter verschlossenen Türen. Weil und insofern andere Menschen von unseren Entscheiden mitbetroffen sind, ist die Kommunikation achtsam zu planen. Meistens erfolgt die Mitteilung gestaffelt, zuerst an Vertraute und direkt Betroffene, später an weitere Kreise. Auch die Kommunikationskanäle sind behutsam zu wählen: Mitbetroffene und Vertraute treffen wir persönlich oder rufen sie an, weitere Kreise informieren wir schriftlich per Post, E-Mail oder Newsletter.

Würdigung des Nicht-Gewählten
Nach individuellen Entscheidungen gilt es die nicht gewählten Optionen zu würdigen. Wenn das Loslassen nicht gewählter Optionen besonders schwerfällt, hilft eine

rituelle Verabschiedung. Auch wenn ich bei einer Entscheidung bestimmte innere Stimmen bewusst nicht dominieren ließ, gilt es diese zu würdigen. Ich kann diesen Stimmen beispielsweise versichern, dass ich sie mit auf den weiteren Weg nehme und ihnen Beachtung und Raum geben werde. Genauso gilt es bei kollektiven Entscheiden die Minderheiten zu würdigen und mit ins Boot zu holen.

Entscheid umsetzen
Auch wenn ein Entscheid nach allen Regeln der Kunst getroffen wurde, können auf dem Weg zur Umsetzung dennoch Zweifel aufkommen und bei der Realisierung Ängste und Unsicherheiten auftauchen. Legendär sind Filme wie *Die Braut, die sich nicht traut, Die Reifeprüfung, Der Junggeselle* oder *Die Hochzeit meines besten Freundes,* in denen die Braut oder der Bräutigam am Traualtar allein oder mit dem früheren Liebhaber die Flucht ergreifen. Gerade weil die Mitteilung und Umsetzung schwieriger Entscheidungen viel Mut und Kraft brauchen, finde ich die im Kapitel 9g beschriebene *10–10–10-Methode* hilfreich, bei der man dem Bild des künftigen Zustands so viel Gewicht schenkt, dass die Mühsal des Übergangs relativiert wird. Sowohl bei individuellen als auch kollektiven Entscheiden müssen manchmal andere Personen unsere unpopulären Entscheide umsetzen. Personalabteilungen müssen beispielsweise den im Verwaltungsrat beschlossenen Stellenabbau ausführen. Diese ausführenden Personen gilt es speziell zu unterstützen.

Evaluation
Gerade wenn Entscheidungen schwerfallen und sie mit Zweifeln und Unsicherheiten verbunden sind, ist es ratsam, im Voraus eine Zeit festzulegen, in der der Entscheidungsprozess und der Entscheid selbst überprüft und allenfalls modifiziert werden. Bei Arbeitsstellen besteht die

dreimonatige Probezeit. Probezeiten wären für viele andere Entscheide ebenfalls denkbar und ratsam. Manche Entscheide lassen sich nicht rückgängig machen, aber sie lassen sich an veränderte Situationen anpassen.

Wenn wir mit etwas Abstand auf einen wichtigen Entscheidungsprozess zurückblicken, können uns folgende Fragen bei der Evaluation leiten:

- Wie fühlt sich der getroffene Entscheid heute an? Was würde ich wieder gleich oder anders machen?
- Wie beurteile ich die gewählte Anzahl Optionen? Was würde ich wieder gleich oder anders machen?
- Wie beurteile ich die Anzahl und Qualität der Wahlkriterien? Was würde ich künftig wieder gleich oder anders machen?
- Wir beurteile ich die Fülle an Informationen über die Optionen? Was würde ich gleich oder anders machen?
- Die beurteile ich heute meine innere Freiheit im Entscheidungsprozess?
- Wie beurteile ich heute die Integration von Kopf, Herz und Bauch?
- Wie weit hat der Entscheid meinen Werten und Zielen entsprochen?
- Wie beurteile ich heute die Begleitung im Entscheidungsprozess?
- Wie habe ich nicht-gewählte Optionen gewürdigt?
- Wie habe ich nicht-befolgte Stimmen gewürdigt?
- Wie weit hat die Wahl den erhofften Nutzen gebracht?
- Wie weit haben sich die vermuteten Folgen der Wahl bewahrheitet?
- Welche Folge-Entscheidungen oder welche weiteren Folgen des Entscheids stehen nun an?

10

Dank sowie Rück- und Ausblick

Auf dem Buchdeckel steht über dem Titel lediglich mein Name. Ein Buch entsteht aber im Teamwork. Den Mitarbeitenden im Springer Verlag danke ich herzlich für Korrektur, Lektorat, Produktion und Vertrieb des Buches.

Prof. Dr. Katrin Fischer danke ich vielmals für ihr Vorwort. Sie brachte die komplexe Thematik auf den Punkt: Entscheiden bedeutet Setzen von Prioritäten und Wahrnehmen von Selbstverantwortung. Und manchmal bleibt uns nur die Wahl des kleineren Übels.

Ein großer Dank gilt allen, die mir ihre persönlichen Erfahrungen mit Entscheidungsprozessen mitteilten. Diese ergänzen die theoretischen Inhalte ideal.

Sehr herzlich danke ich meiner Partnerin Karin Blum, die mir im Alltag spiegelt, wie weit ich selbst entschieden lebe und nicht nur über das Entscheiden schreibe.

Liebe Leserin, lieber Leser, Ihnen danke ich dafür, dass Sie sich auf die Lektüre und die Impulsfragen eingelassen haben. Gerne stelle ich Ihnen noch ein paar weitere Fragen zur Evaluation Ihrer Lektüre:

- Was habe ich in diesem Buch gelernt?
- Welche meiner Fragen sind beantwortet worden?
- Welche Fragen sind offengeblieben oder haben sich durch die Lektüre neu ergeben?
- Worauf will ich bei Entscheidungen in Zukunft besonders achten?
- Wer sollte dieses Buch unbedingt lesen?

Viel Freude, Lust und Selbstvertrauen in Ihren künftigen Entscheidungsprozessen wünscht Ihnen von Herzen
Lukas Niederberger
Für Fragen und Feedback:
www.lukasniederberger.ch

Weiterführende Literatur

Beck, Henning (2023): 12 Gesetze der Dummheit. Denkfehler, die vernünftige Entscheidungen in der Politik und bei uns allen verhindern. Berlin: Econ.

Fischer, Katrin/Jungermann, Helmut/Pfister, Hans-Rüdiger (2016): Die Psychologie der Entscheidung. Berlin: Springer.

Frankl, Viktor E. (2018): Trotzdem Ja zum Leben sagen. München: Penguin.

Gross, Peter (1994): Die Multioptionsgesellschaft. Berlin: Suhrkamp.

Hermann, Dieter (2008): Posttraditionale Werte. Empirische Konzeption einer Gesellschafts- und Unternehmensethik. Hamburg: Merus.

Kahnemann, Daniel u.a. (2023): Noise. Was unsere Entscheidungen verzerrt – und wie wir sie verbessern können. München: Pantheon.

Meissner, Philipp (2019): Entscheiden ist einfach. Frankfurt/M.: Campus.

Sill, Bernhard / Karban-Völkl, Kathrin (2021): Gut entscheiden. Würzburg: Echter.

GPSR Compliance
The European Union's (EU) General Product Safety Regulation (GPSR) is a set of rules that requires consumer products to be safe and our obligations to ensure this.

If you have any concerns about our products, you can contact us on

ProductSafety@springernature.com

In case Publisher is established outside the EU, the EU authorized representative is:

Springer Nature Customer Service Center GmbH
Europaplatz 3
69115 Heidelberg, Germany

www.ingramcontent.com/pod-product-compliance
Lightning Source LLC
LaVergne TN
LVHW020348260326
834688LV00045B/1603